La Frite de Madame Mérigot

Direction générale: Lucas Giossi
Directions éditoriale et commerciale: Sylvain Collette et May Yang
Direction de la communication: Prisca Thür-Bédert
Direction de la production: Christophe Borlat
Éditorial: Alice Micheau-Thiébaud et Jean Rime
Maquette: Marthe Oréal
Mise en page: Kim Nanette
Couverture: Marion Alfano
Recherche iconographique: Nathalie Russo
Marketing digital: Gabriel Hussy
Comptabilité: Philipp Bachmann
Logistique: Émile Razafimanjaka

Image de couverture: © Shutterstock

Première édition française 2023

Les éditions 41 sont un label des Presses polytechniques et universitaires romandes.
ISBN 978-2-88915-555-2

PPUR, EPFL – Rolex Learning Center,
CM Station 10, CH-1015 Lausanne
info@epflpress.org
tél.: +41 21 693 21 30

www.epflpress.org

Les Presses polytechniques et universitaires romandes bénéficient d'un soutien structurel de l'Office fédéral de la culture pour les années 2021-2024.

Imprimé en République Tchèque

HENRI-DANIEL WIBAUT

Préface de Jean Vitaux

La Frite de Madame Mérigot

et autres curiosités de la littérature gastronomique

ÉDITIONS 41

Remerciements

Je tiens à remercier chaleureusement...

L'équipe épatate, pardon épatante, des Éditions 41 (May, Prisca et Sylvain), sans qui la Frite n'aurait jamais vu le jour,

John Enrico et Laurent Boussat, pour leur précieuse contribution au fonctionnement de la friteuse,

Jean-Maurice Sacré et Jean Vitaux, dont le savoir encyclopédique a permis un savant dosage des ingrédients,

Tania, Sylvie, Antoine, Maxime et Clara, dont l'affection a attisé le plaisir de concocter cet ouvrage et sans qui la vie manquerait totalement de saveur.

Préface

Le sous-titre de ce livre *Et autres curiosités de la littérature gastronomique* en définit précisément l'objet: Henri-Daniel Wibaut est certes un libraire spécialisé en gastronomie, œnologie et littérature gourmande, mais c'est aussi à titre personnel un bibliophile passionné et un fin palais exigeant, membre de l'Académie des gastronomes.

Il nous parle de livres célèbres comme celui de Joseph Berchoux, inventeur moderne du mot «gastronomie», de l'*Almanach des gourmands* de Grimod de la Reynière, qui inventa les guides mais aussi les prix gastronomiques avec ses jurys dégustateurs, de *La Vie et la Passion de Dodin-Bouffant* où Marcel Rouff dresse le portrait gastronomique de Curnonsky, ou encore de *L'Heptaméron des gourmets* d'Édouard Nignon, le plus précieux des livres modernes de gastronomie.

Il envisage aussi l'invention de plats mythiques comme la branlade de morue de Charles Durand, le homard à l'américaine du cuisinier Fraisse au restaurant Peter's à Paris, et le premier recensement de plats de pommes de terre dans *La Cuisinière républicaine* de Madame Veuve Mérigot (les frites et l'ancêtre du hachis parmentier). Il ne néglige pas non plus l'histoire du vin, les accords mets-vins, sans oublier le café, conclusion habituelle des repas.

Il nous conte en outre l'invention des restaurants, l'histoire des grands traiteurs comme Chevet, et nous commente des menus célèbres tels ceux du siège de Paris en 1870, où l'on mangea les chats, les chiens, les rats et les animaux du Jardin d'acclimatation, ou le banquet des maires en 1900.

Enfin, il nous convie à un voyage extraordinaire dans l'autre grand pays de la gastronomie, la Chine, mais aussi au Japon et en Suisse où il réside. Puis il nous entraîne dans des voyages fantasmagoriques avec la cuisine aphrodisiaque, les coupes de champagne en forme de sein, et la cuisine cannibale chère à Roland Topor. Il nous précise même l'art du pique-assiette avec *L'Art de ne jamais déjeuner chez soi, et de diner toujours chez les autres* de Mangenville!

En bref, donc, Henri-Daniel Wibaut nous dresse un tableau assez exhaustif de la gastronomie à travers ses livres, ses menus, et quelques légendes qui ont traversé les siècles. Le tout en 50 courts chapitres illustrés, véritables saynètes au style agréable et enlevé, mais qui traduisent toujours la profonde culture gastronomique, œnologique et bibliophilique de l'auteur, et qui enchanteront et enrichiront sans aucun doute le lecteur qu'il soit gastronome, bibliophile ou simple curieux.

Pour conclure, je crois pouvoir deviner, notamment suite à la lecture du chapitre Apollinaire consacré à *L'Heptaméron des gourmets* d'Édouard Nignon, qu'Henri-Daniel Wibaut préfère les plats et les livres truffés, car comme disait l'un de ses prédécesseurs, le grand libraire Marcel Dommergues, dans son livre de mémoires *Le Carquois du libraire*: «On nomme truffage en notre jargon de libraire, l'opération de joindre en supplément certaine pièce à l'imprimé pour l'améliorer comme on truffe une volaille ou un rôti.»

Docteur Jean VITAUX
Président de l'Académie des gastronomes
Correspondant de l'Institut de France

Introduction

Turbot sauce hollandaise

Mes parents avaient une tradition bien ancrée : les vacances d'été, un mois entier, sur la côte atlantique, vers Royan. Depuis Lille, il fallait donc parcourir environ 800 kilomètres dans une voiture bondée, dont je partageais le siège arrière avec mes deux frères. Une longue équipée, que mon père visait d'effectuer sans escale, hormis la pause pique-nique, que nous effectuions invariablement en forêt d'Anet (Eure-et-Loir).

Cet arrêt était précieux, car il nous permettait enfin d'allonger les jambes, de nous étirer, d'écouter le chant des oiseaux... et de manger. Les œufs durs, saupoudrés de sel, que nous dégustions avaient déjà un goût de soleil et d'océan.

Une année (celle de mes 14 ou 15 ans), nous avons fait une halte exceptionnelle dans un hôtel, au Lude. J'ignore la raison qui m'y a poussé, mais j'ai choisi au menu le turbot sauce hollandaise, accompagné d'une onctueuse purée de pommes de terre. Dès la première bouchée, j'ai éprouvé un sentiment nouveau, une émotion qui dépassait largement le simple plaisir de manger. Le turbot comme la purée fondaient littéralement sur la langue. J'étais entré dans une autre dimension. Si j'en crois mon palais, c'est ce jour-là que la graine de la gastronomie s'est plantée en moi.

▼ Recette de sauce hollandaise extraite de *Poissons, coquillages, crustacés* de Michel Bouzy.

Sauce Hollandaise (pour 12 personnes).

Mettre dans une casserole 2 cuillerées à soupe d'eau, une pincée de mignonnette et faire réduire. Ajouter 6 jaunes d'œufs et, sur un feu très doux ou au bain-marie, additionner, par petites parties, 300 grammes de beurre simplement fondu, reposé et décanté.

Régler l'assaisonnement, relever d'un filet de jus de citron et passer à l'étamine.

On peut procéder également de cette façon :

Délayer 6 jaunes d'œufs avec quelques cuillerées d'eau; chauffer doucement en fouettant sans arrêt jusqu'à ce que les jaunes aient pris une consistance mousseuse. Incorporer alors le beurre (300 grammes) comme il est dit ci-dessus; assurer l'assaisonnement et passer à l'étamine.

Nota. — Au cours de l'addition du beurre, quand on constate que la Sauce épaissit trop, on ajoute quelques gouttes d'eau pour la détendre.

Ma mère se retournerait sans doute dans sa tombe en l'apprenant, mais, qu'elle se rassure, c'est à elle que je dois ce plaisir de manger, sans doute prélude au délice de la gastronomie que je développerai par la suite. Ses filets américains, ses croquettes aux crevettes, son crabe mayonnaise et ses moules marinières du vendredi (jour « maigre » oblige) sont autant de souvenirs impérissables.

La bibliophilie est apparue bien plus tard. Les livres étaient plutôt rares à la maison, mais mon grand-père possédait une petite bibliothèque qui affichait quelques jolies reliures dont la beauté ne m'avait pas échappé. La graine de la bibliophilie était semée à son tour. Et lorsqu'à son décès, il a fallu partager ses biens entre mes oncles, mes tantes, ma mère, mes deux frères et moi (notre père nous avait déjà prématurément quittés), je n'ai émis qu'un seul désir: les deux ou trois dizaines de livres qui composaient sa bibliothèque. Par la suite, au fil des années, j'ai régulièrement acheté des livres anciens qui ont étoffé cet embryon de collection.

Il faudra pourtant encore attendre trois décennies avant que les deux graines ne se rencontrent. Le hasard avait voulu que notre appartement de Lausanne comporte au rez-de-chaussée un local doté de larges fenêtres, qui ne demandait qu'à devenir un commerce. À force de lire des catalogues de librairies et de ventes aux enchères, j'avais éveillé en moi le désir d'ouvrir une boutique spécialisée dans les livres anciens. Un libraire sommeille chez tout collectionneur.

Et c'est ainsi que la graine du libraire et celle du gastronome (fortement stimulée par Tania, mon épouse) ont fini par se croiser et donner naissance à la librairie Gastéréa. Le nom m'a été inspiré par Brillat-Savarin, qui avait créé une dixième muse, en 1826, dans sa *Physiologie du goût*:

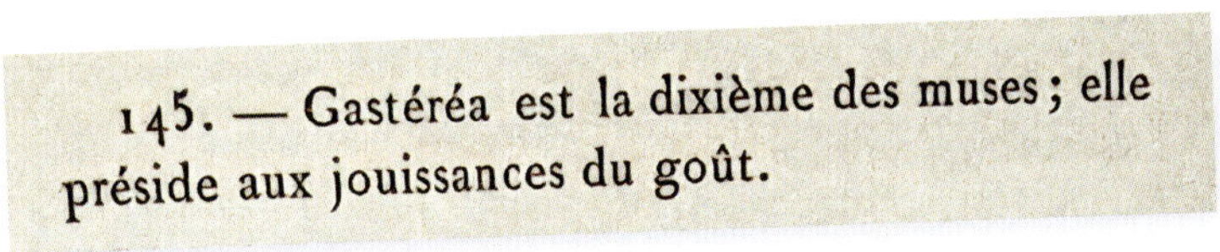
145. — Gastéréa est la dixième des muses ; elle préside aux jouissances du goût.

Extrait de *Physiologie du goût*, de Brillat-Savarin (édition de 1879).

Mon activité de libraire m'a fait découvrir des personnalités incomparables et d'innombrables ouvrages touchant à des domaines extrêmement variés: recueils de recettes, bien sûr, mais aussi manuels de savoir-vivre, guides d'économie domestique ou d'hygiène alimentaire, traités de viticulture, œuvres de littérature, sans oublier les menus, témoins d'événements parfois historiques. Bref, une multitude de trésors insoupçonnés. Le présent florilège se propose de partager quelques-unes de ces découvertes, qui constituent les pièces de cette immense et riche mosaïque qu'est l'histoire de la gastronomie.

Bibliographie

- Michel Bouzy, *Les Poissons, coquillages, crustacés*, Paris, chez l'auteur, 1929.
- Jean Anthelme Brillat-Savarin, *Physiologie du goût, ou Méditations de gastronomie transcendante*, Paris, A. Sautelet et Cie, 1826.

ASTÉRÉA
Gastronomie - Oenologie
Littérature gourmande
LAUSANNE
CAPITALE OLYMPIQUE
VD 614 760

La magie de l'imprimerie

Un livre ancien est un objet très particulier. S'il est encore là, c'est qu'il a échappé aux guerres, incendies, révolutions, inondations et autres catastrophes, naturelles ou non. Alors, on le caresse, on le hume, on écoute le frémissement de son papier. Non seulement il mérite le respect lié à son âge et à son état de conservation, mais il est aussi et surtout le fruit de la rencontre de plusieurs talents (auteur, illustrateur, papetier, imprimeur, relieur, doreur, etc.).

Il peut parfois provenir d'une bibliothèque illustre et avoir appartenu à un personnage historique : un roman de Maupassant dédicacé à Flaubert, un livre que la reine Marie-Antoinette a feuilleté, ou un recueil de recettes utilisé par un grand cuisinier, c'est quand même autre chose qu'un livre de poche. Oui, je sais, c'est beaucoup plus cher... Et sa valeur n'est donc pas nécessairement liée à son contenu ; sa provenance, sa rareté et son état sont autant de facteurs déterminants.

Et puis, son histoire peut parfois se lire au fil des pages, si elles sont annotées ou marquées d'une brûlure laissée par une cigarette maladroite ou d'une mouillure causée par un verre renversé. Un roman provenant de la bibliothèque de Winston Churchill sentira forcément le cigare. Si un recueil de recettes du XIXe siècle présente une tache de café, c'est gênant. Mais si celle-ci est le fait d'Auguste Escoffier, c'est quasiment une signature !

Gastrologie, gastrophilie ou gastrosophie ?

Parmi tous les ouvrages que je possède, un me tient tout particulièrement à cœur. Il s'agit d'un poème didactique composé en 1801 par un ancien juge de paix, Joseph Berchoux, auteur peu connu, mais qui doit presque exclusivement sa notoriété au titre qu'il donna à son poème : *La Gastronomie*. Je ne peux m'empêcher de caresser la page de titre et de passer les doigts sur le mot « gastronomie ». Pourquoi cette poussée de sentimentalisme pour un titre plutôt banal, me direz-vous ? Tout simplement parce que, jusqu'à la parution de ce poème, ce mot n'existait pas. Auparavant, on parlait de gourmandise, de friandise, d'art de la table, mais aucun mot ne synthétisait vraiment l'art de la bonne chère, ou « de la gueule » comme disait Montaigne, les règles du bon goût ou le savoir-manger, ainsi que tous les aspects culturels, sociaux, philosophiques, médicaux et alimentaires qui en découlent.

Peut-être Joseph Berchoux a-t-il pensé à «gastrologie» (non, trop médical), à «gastrophilie» (trop exposé au risque d'être assimilé à de la gastromanie) ou encore à «gastrosophie» (terme prisé par les germanophones, mais trop philosophique)? Sans doute s'est-il inspiré du mot «astronomie», afin d'englober dans un seul mot tout l'univers du bien-manger.

Toujours est-il que le mot pour lequel il opta en fin de compte fut immortalisé par la magie de l'imprimerie. Tant qu'il n'est que manuscrit ou même simplement niché dans un coin de cerveau, un mot nouveau n'est qu'un terme officieux, auquel il manque encore des lettres de noblesse. Dès l'instant où il est imprimé noir sur blanc, il passe de la virtualité à la réalité. Certes, il ne suffit pas d'être imprimé pour passer dans le langage courant. Rabelais est connu pour avoir intégré quelques jolis néologismes dans la langue française, mais son «agélaste», par exemple, qui désignait une personne incapable de rire, est totalement tombé dans l'oubli. Pourtant, les pisse-froid, les réfractaires à l'humour et autres pince-sans-rire ne manquent pas de nos jours!

Joseph Berchoux serait probablement frustré de savoir que le contenu de son poème, destiné à «enseigner à manger», est demeuré largement méconnu et que la postérité n'en a retenu que le titre. Ce texte ne manque toutefois pas de conseils judicieux. Les convives qui se précipitent aujourd'hui sur les biscuits apéritifs et les entrées un peu copieuses feraient bien de s'inspirer des recommandations de son auteur:

Gardez-vous d'abuser de ces premiers moments,
Et ne vous livrez pas aux trompeuses amorces
D'un avide besoin qui trahirait vos forces.
Préludez doucement aux plaisirs du repas;
Tel qu'un sylphe léger, voltigez sur les plats.

Joseph Berchoux (1760-1838).

Il plaint également les Parisiens, qui dînent de plus en plus tard, au point qu'ils «finiraient par ne dîner que le lendemain».

À l'époque, son poème eut quelque retentissement et suscita de nombreuses réactions et publications. Il convient de noter à cet égard que le mot «gastronome» n'apparaît pas dans le texte de Joseph Berchoux. Il faudra attendre 1803 et *Le Gastronome à Paris*, épître que Simon-Célestin Croze-Magnan écrivit en réponse au poème de Berchoux, pour que l'on puisse qualifier une personne de gastronome, plutôt que gourmet ou gourmand.

Joseph Berchoux était d'ailleurs parfaitement lucide et conscient des limites de son poème didactique, qu'il termine par ces vers éloquents de sagesse:

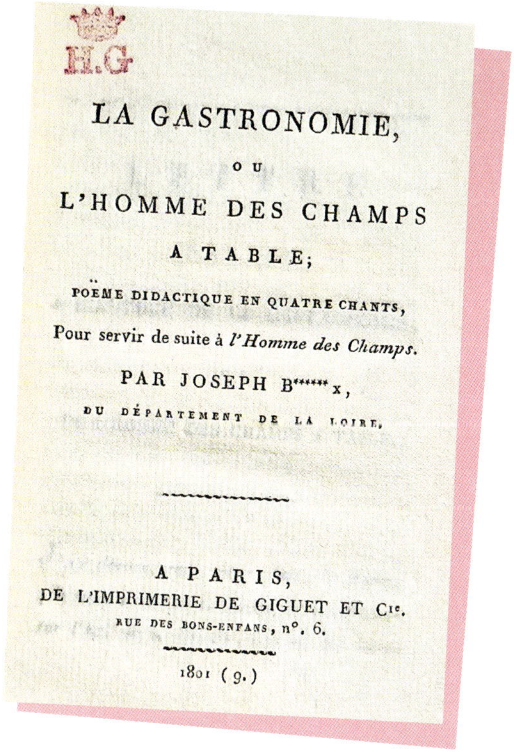

H.G

LA GASTRONOMIE,

OU

L'HOMME DES CHAMPS

A TABLE;

POËME DIDACTIQUE EN QUATRE CHANTS,

Pour servir de suite à *l'Homme des Champs*.

PAR JOSEPH B****** x,

DU DÉPARTEMENT DE LA LOIRE.

A PARIS,

DE L'IMPRIMERIE DE GIGUET ET Cie.

RUE DES BONS-ENFANS, n°. 6.

1801 (9.)

> ***Messieurs, je vous entends, je sais vous deviner;***
> ***Un poème jamais ne valut un dîner.***

Bibliographie

- Joseph Berchoux, *La Gastronomie, ou L'Homme des champs à table*, Paris, Imprimerie de Guiguet et Cie, 1801.
- Simon-Célestin Croze-Magnan, *Le Gastronome à Paris*, Paris, Imprimerie de Suret, chez Desenne, 1803.

Le confiturier

Ce livre est magique. Quand on survole les premières pages, on se dit que c'est un ouvrage imprimé du XVIIIe siècle. Mais lorsqu'on découvre que ses 30 derniers feuillets sont vierges, on commence à s'interroger. On y regarde de plus près, et d'un coup, la vérité apparaît: une lettre un peu biscornue, moins parfaite que ses voisines. Ce livre est sidérant, bluffant, scotchant, fascinant. Il n'est pas imprimé, mais manuscrit!

Monsieur C. (appelons-le C, puisque l'auteur anonyme du livre était confiturier) a minutieusement rédigé son ouvrage sur les confitures en imitant parfaitement les caractères d'imprimerie. Il était aussi cirier, car quelques pages sont consacrées à la fabrication de cire – à l'époque, vers 1750, les droguistes, les confituriers et les ciriers appartiennent tous à la corporation des épiciers. Les pages sont d'ailleurs encore imprégnées de l'odeur de cire de son temps. Magique, vous dis-je!

Monsieur C. a probablement passé des mois, voire des années, à calligraphier ses recettes. Je l'imagine penché sur son ouvrage dans l'éclairage d'une fenêtre ou à la lueur d'une bougie, la main aussi ferme que possible et le regard concentré sur le bout de sa plume. Ses recettes s'inspirent en partie d'ouvrages de confrères comme Massialot, mais elles sont majoritairement originales: cerises à misucre, huile de Vénus, ratafia anglais bouilli, conserve de pied de chat, oranges chinoises, etc.

Les ouvrages de cuisine calligraphiés de la sorte, comme tous les ouvrages essentiellement utilitaires, sont d'une insigne rareté. Cette forme d'art graphique était plutôt réservée aux livres religieux enluminés ou aux ouvrages à vocation principalement esthétique.

Ce livre est sidérant, bluffant, scotchant, fascinant. Il n'est pas imprimé, mais manuscrit!

La personnalité de l'auteur soulève bien des questions. Pourquoi ne s'est-il pas adressé à un imprimeur pour faire éditer son livre, ou contenté de reporter simplement et lisiblement ses recettes dans un cahier? Pourquoi n'a-t-il ni signé ni daté son livre? Il s'agissait sans aucun doute d'un homme humble, patient et minutieux, perfectionniste et jusqu'au-boutiste, aussi scrupuleux dans la préparation de ses confitures que dans la rédaction de son manuel. Et puis, était-ce forcément un homme, me demanderez-vous? Probable, mais allez savoir.

LE
CONFITURIER
FRANÇOIS.

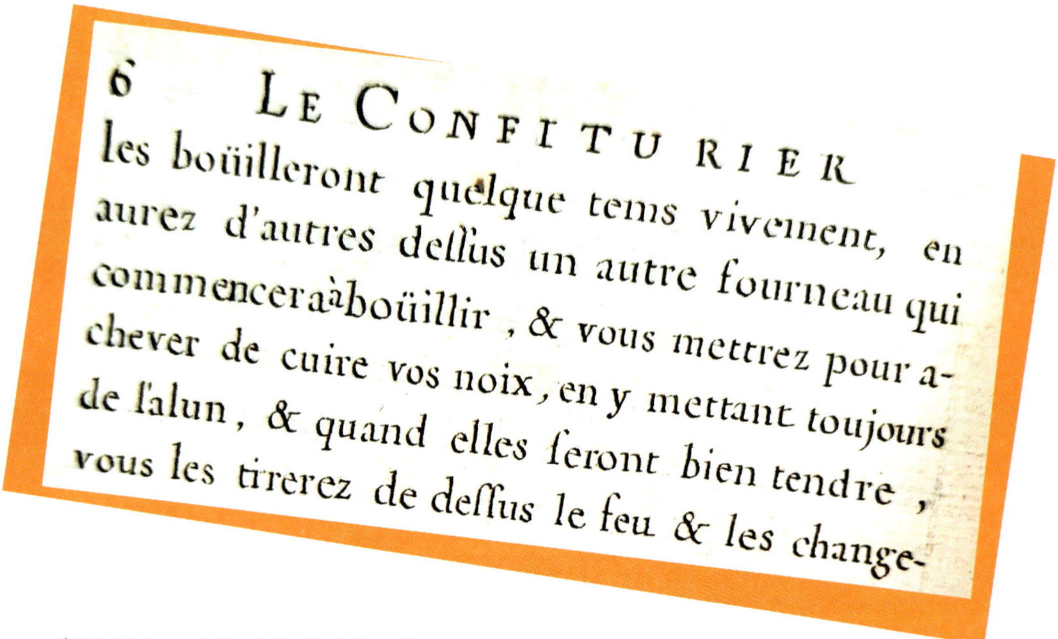
6 LE CONFITURIER

les boüilleront quelque tems vivement, en aurez d'autres dessus un autre fourneau qui commencera à boüillir, & vous mettrez pour achever de cuire vos noix, en y mettant toujours de l'alun, & quand elles seront bien tendre, vous les tirerez de dessus le feu & les change-

▲ Détail de la page de titre du *Confiturier françois*.

▲ Détail de la page 6 du *Confiturier françois*.

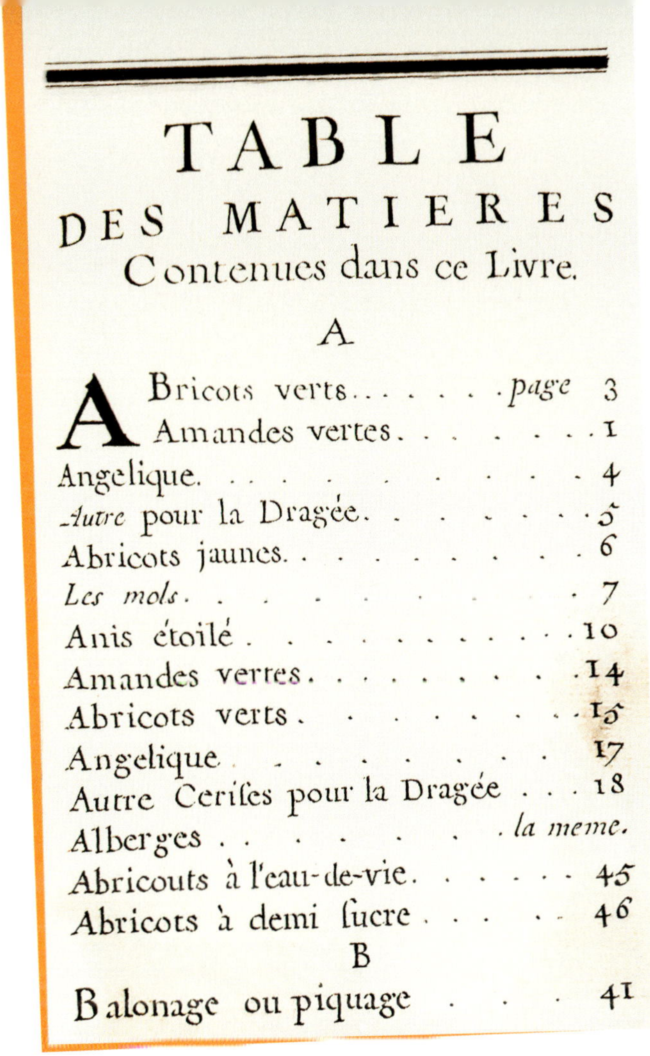

TABLE
DES MATIERES
Contenues dans ce Livre.

A

ABricots verts. . . . . . .page 3
Amandes vertes. 1
Angelique. 4
Autre pour la Dragée. 5
Abricots jaunes. 6
Les mols. 7
Anis étoilé. 10
Amandes vertes. 14
Abricots verts. 15
Angelique. 17
Autre Cerifes pour la Dragée . . . 18
Alberges. . . . . *la meme.*
Abricouts à l'eau-de-vie. 45
Abricots à demi fucre. 46

B

Balonage ou piquage 41

◀ Extrait de la table des matières du *Confiturier françois*.

Quoi qu'il en soit, il a de toute évidence jeté sur le papier – un verbe bien dépréciatif et inadéquat dans notre cas – la version définitive de recettes préalablement existantes sous forme de brouillons. Le texte ne comporte aucune rature ni correction. Enfin, juste une petite rectification en page 6: une préposition «à» qu'il avait oubliée! Comme il a dû pester et s'en vouloir d'avoir omis cette lettre!

Bibliographie

- *Le Confiturier françois, où l'on apprend à confire toutes sortes de Fruits, tant secs que liquides; & divers Ouvrages de Sucre qui sont du fait des Officiers et Confiseurs*, env. 1740.

« Songez que la marée est peut-être arrivée comme il expirait »

En ce jeudi 23 avril 1671, le château de Chantilly est en effervescence. Il faut dire que l'événement n'est pas anodin: le prince de Condé y accueille en grande pompe le roi Louis XIV, son cousin, en vue de mettre un terme à une brouille de plusieurs années. Le prince a décidé de mettre les petits plats dans les grands. Depuis toujours, les puissants de ce monde s'efforcent de régler leurs différends autour d'une bonne table. Que dis-je une bonne table, une table somptueuse, susceptible d'impressionner l'hôte de marque. François Ier et Henry VIII en avaient déjà fait la démonstration au camp du Drap d'Or, 150 ans plus tôt.

Depuis toujours, les puissants de ce monde s'efforcent de régler leurs différends autour d'une bonne table.

Les jardins de Chantilly, récemment achevés par Le Nôtre, sont alors resplendissants. Le jardinier de Versailles ne cache pas d'ailleurs la légère préférence qu'il a pour le parc de Chantilly parmi tous ceux qu'il a créés. Les jonquilles lui confèrent un décor de rêve, et promettent une fête à laquelle toute la cour est désireuse de prendre part. Au départ, 300 invités de marque étaient prévus, mais beaucoup viennent accompagnés; dames de compagnie, domestiques, parasites et autres pique-assiettes s'ajoutent bientôt à l'assemblée. Ce sont finalement 25 tables qu'il s'agit de dresser pour accueillir les quelque 3000 convives présents.

Le prince de Condé ne s'inquiète pas outre mesure. Il a recruté huit ans plus tôt, à titre de «contrôleur général de la bouche», la crème des maîtres d'hôtel: François Watel, ou Vatel, né en Belgique mais issu d'une famille suisse, qui lui a été chaleureusement recommandé par Jean Hérault de Gourville, ami de l'intendant Fouquet, chez qui Vatel faisait des prodiges. Certes, ce dernier n'a été prévenu de cette réception que deux semaines plus tôt, mais il en a vu d'autres! François Vatel aime les défis.

Le soir, tout se passe bien. Enfin, presque. Le feu d'artifice est raté à cause du brouillard qui s'est levé après le souper. Et pour Vatel, l'afflux de convives lui joue un mauvais tour: deux tables n'ont pas eu de rôti! «Je suis perdu d'honneur!» dit-il à Gourville, qui trouve que son ami fait tout un plat d'une simple anecdote sans gravité et le rassure autant que faire se peut.

Le lendemain, vendredi 24 avril, est un jour maigre de Carême. Pas question de servir autre chose que du poisson, mais de préférence de mer. Le poisson de rivière est trop banal, trop commun, trop ordinaire pour

▲ Le château de Chantilly au XVIIIe siècle.

être proposé. Vatel veut des soles, des turbots et autres espèces d'exception. Pour être assuré d'un approvisionnement abondant et varié, il a envoyé des émissaires et des pourvoyeurs dans tous les ports de Haute-Normandie, à Dieppe, à Fécamp, à Saint-Valéry, partout, jusqu'à Boulogne-sur-Mer.

Le maître d'hôtel n'a pas dormi depuis plusieurs nuits. En vérité, son travail comprend non seulement les achats, mais aussi l'organisation du service, les déplacements et l'hébergement des invités. Alors que ces derniers prennent congé, l'attention de Vatel est désormais toute fixée sur le banquet du lendemain. Il tient à contrôler la marée à son arrivée. Le poisson doit être frais, ce qui n'est pas toujours garanti vu l'état de la voirie, d'autant que les pluies diluviennes des derniers jours doivent rendre les chemins difficilement praticables. Les conditions de pêche au large peuvent également occasionner de légers retards dans l'acheminement des poissons, même si les pêcheurs savent qu'une rentrée tardive au port peut leur coûter cher. Vatel commence quoi qu'il en soit à regretter de ne pas avoir opté pour des truites ou des ombles.

Les heures passent. À quatre heures du matin, enfin, un pourvoyeur se présente avec quelques poissons. «Est-ce là tout?» hurle Vatel, qui n'a encore jamais éprouvé pareille angoisse. Il a sa fierté, lui qui est issu d'un milieu modeste. Il a également parfaitement

conscience de l'enjeu de ces trois journées de réception. Une pression accrue par le risque que court sa réputation, parvenue entretemps aux oreilles princières et royales de France et de Navarre, s'il échoue dans sa mission. Certes, les étoiles Michelin n'existent pas encore, mais les rumeurs et les informations, parfois distordues, circulent vite dans les cuisines de l'aristocratie, et une réception royale ratée ne pourra que lui être fatale.

Cinq heures, six heures, sept heures, huit heures. Toujours rien.

La tête en ébullition, Vatel cherche à nouveau Gourville et lui déclare gravement: «Je ne survivrai point à cet affront-ci.» Son ami se moque de lui gentiment. Il ne faut quand même pas dramatiser à ce point. Pourtant, l'épisode tourne à la tragédie. Vatel s'enferme dans sa chambre, bloque son épée contre la porte et tente de se l'enfoncer dans le cœur. Il devra s'y prendre à trois reprises, mais parviendra à ses fins.

Le 25 avril, Madame de Sévigné, à qui l'événement a été relaté avec moult détails, précise dans la lettre qu'elle adresse à sa fille à Grignan: «Songez que la marée est peut-être arrivée quand il expirait.» Effectivement, dans les minutes qui suivent, le poisson arrive en quantité. On cherche Vatel, on l'appelle, on court jusqu'à sa chambre, où l'on découvre son cadavre dans un bain de sang.

Marie de Rabutin-Chantal, marquise de Sévigné.

Bien sûr, le prince de Condé et ses hôtes sont quelque peu émus par la mort tragique du maître d'hôtel. Mais certains reprochent à Vatel d'avoir considéré avec démesure l'affront que représentait un retard de livraison. Quant au roi, il fait remarquer à son cousin que la réception était beaucoup trop ambitieuse, et que deux tables auraient été bien suffisantes.

Finalement, tout est bien qui finit bien, l'erreur est réparée et les invités savourent la quantité prodigieuse de poissons parfaitement apprêtés. *The show must go on*. Madame de Sévigné l'exprime parfaitement dans son récit de la suite des événements: «On dîna très bien, on fit collation, on soupa, on se promena, on joua, on fut à la chasse; tout était parfumé de jonquilles, tout était enchanté...»

Contrairement à la légende, ce n'est probablement pas François Vatel qui inventa la crème Chantilly, dont l'origine demeure nébuleuse. La crème fouettée fit certes son apparition en Italie au XVIe siècle (elle portait le doux nom de «neige de lait»), mais l'appellation «crème à la Chantilly» ne fut mentionnée pour la première fois que dans Le Cuisinier impérial de Viard en 1820 (10e édition, intitulée d'ailleurs Le Cuisinier royal pour être politiquement correct). Selon certains, il se pourrait que l'expression remonte à la fin du XVIIIe siècle et au séjour que la baronne d'Oberkirsch fit à Chantilly, où elle dégusta une délicieuse crème fouettée...

Bibliographie

- *Recueil des lettres de Madame la Marquise de Sévigné à Madame la Comtesse de Grignant, sa fille*, à Paris, chez Nicolas Simart, 1734, Tome I, pp. 176 et suiv.
- Reynald Abad, Aux origines du suicide de Vatel: les difficultés d'approvisionnement en marée au temps de Louis XIV, dans *Dix-septième siècle* 2002/4 (n° 217).
- Jean Vitaux, *La Crème Chantilly: un délice! Faut-il la rattacher à l'histoire du château?*, Canal Académies, 2012.
- Romane Idres, *L'Histoire du dimanche – Le Suicide de François Vatel à Chantilly, un «burn out» à l'époque de Louis XIV*, France 3, 2021.

Instituteur viticulteur

Il suffit de regarder la manière dont il signe son livre. Un prénom et un nom méticuleusement calligraphiés: Pierre Reymondin. Une signature qui se termine par une jolie tige de vigne entortillée. On voit tout de suite à qui l'on a affaire. Pierre Reymondin est en effet instituteur.

Signature de Pierre Reymondin.

Mais le maître d'école est aussi passionné de viticulture. Il passe beaucoup de temps sur les coteaux du lac Léman, où il travaille lui-même la vigne, et observe les vignerons. «Avec beaucoup de déplaisir», précisera-t-il dans sa préface. En les voyant cultiver le raisin, et notamment le salvagnin local, il se dit qu'il pourrait peut-être mettre son sens pédagogique au service de la viticulture vaudoise. Noble mission!

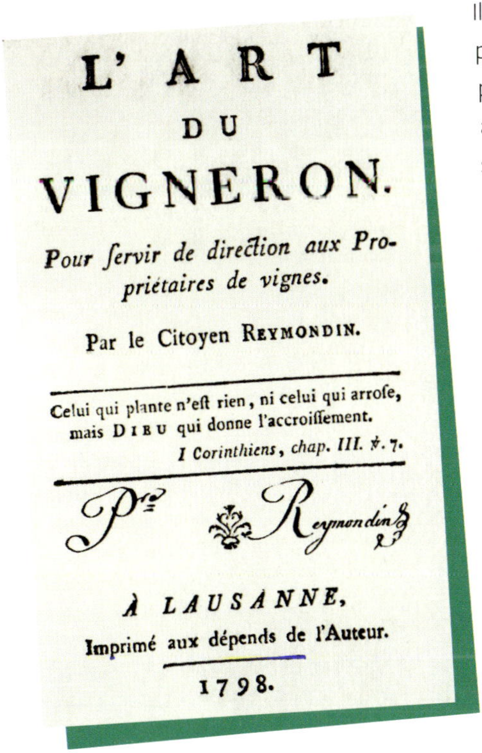

L'ART
DU
VIGNERON.

Pour servir de direction aux Propriétaires de vignes.

Par le Citoyen REYMONDIN.

Celui qui plante n'est rien, ni celui qui arrose, mais DIEU qui donne l'accroissement.
I Corinthiens, chap. III. ℣. 7.

À LAUSANNE,
Imprimé aux dépends de l'Auteur.
1798.

Il commence par rédiger, à partir de 1793, un petit cahier de conseils pratiques, qu'il complète progressivement jusqu'au jour où il apprend que la Société économique de Berne souhaite la parution d'un traité sur le sujet. Aussitôt dit, aussitôt fait: *L'Art du vigneron, pour servir de direction aux propriétaires de vignes* voit le jour en 1798, publié à compte d'auteur.

Entre la première mouture de son petit cahier et le manuscrit définitif de 1798, on ne relève presque aucune correction, si ce n'est que «Messieurs» devient «Citoyens», nouveau régime politique oblige.

Quoique très modeste («J'ai bien senti d'avance combien peu j'étais capable d'écrire ce petit traité correctement, n'ayant point fait d'études; on n'y cherchera donc pas un

▲ Vue de Glerolles et de Saint-Saphorin vers Vevey, 1820.

style brillant, mais le désir d'être utile à ma chère patrie»), le citoyen Reymondin présente et explique dans son livre l'ensemble des «ouvrages» nécessaires à la culture de la vigne, à l'encavage, au traitement du vin, etc.

Il propose même un survol intéressant des vins de tous les pays d'Europe. Il affirme que les vins du Dauphiné, du Languedoc et de Provence sont supérieurs aux bordeaux et aux bourgognes, et il ne cache pas sa prédilection pour le frontignan, «le plus fumeux», «peut-être le meilleur vin de France». Par contre, «celui de Paris a peu de saveur, on n'en fait pas grand cas, il n'est bon que vieux».

Pour chaque variété de vin, il en précise les vertus et explique «les effets du vin pris modérément et immodérément». Saviez-vous, par exemple, que «les médecins font beaucoup de cas du vin de Paleyre, dans le vignoble de Lausanne, qu'ils assurent très salutaire quand il est vieux»?

En guise de petit cadeau de conclusion, voici un secret du citoyen Reymondin, chaleureusement recommandé si vous souhaitez vérifier la présence d'eau dans votre vin, et même si, dans la vie, il faut parfois mettre de l'eau dans son vin...

Secret pour ſavoir s'il y a de l'eau dans le vin.

Mettez des pommes ou poires ſauvages dans le vin ; ſi elles ſurnagent, le vin eſt pur.

2°. Mettez-y un œuf ; s'il deſcend incontinent, le vin eſt mêlé avec de l'eau, s'il tarde quelque tems à deſcendre, le vin eſt pur,

Extrait de *L'Art du vigneron, pour servir de direction aux propriétaires de vignes*, de Pierre-François Reymondin.

Bibliographie

- Pierre-François Reymondin, *L'Art du vigneron, pour servir de direction aux propriétaires de vignes*, Lausanne, Imprimé aux dépends de l'auteur, 1798.

Coupe ou flûte ?

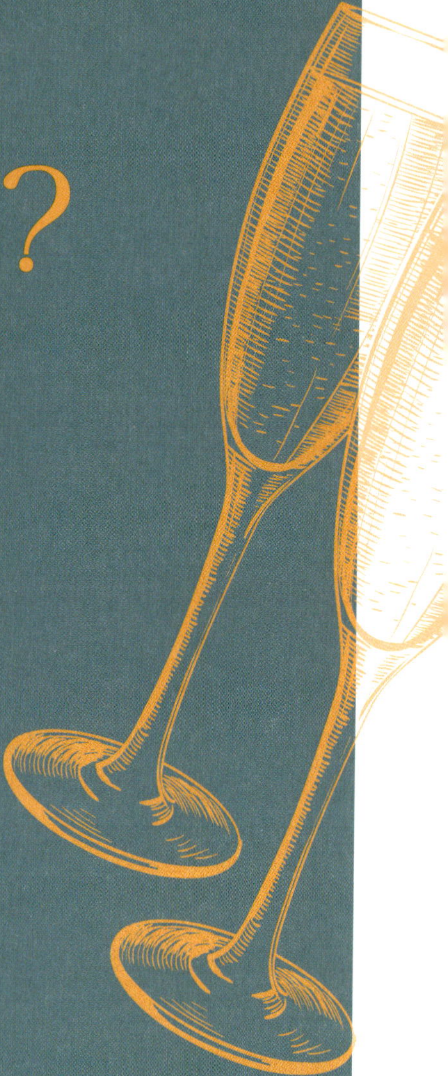

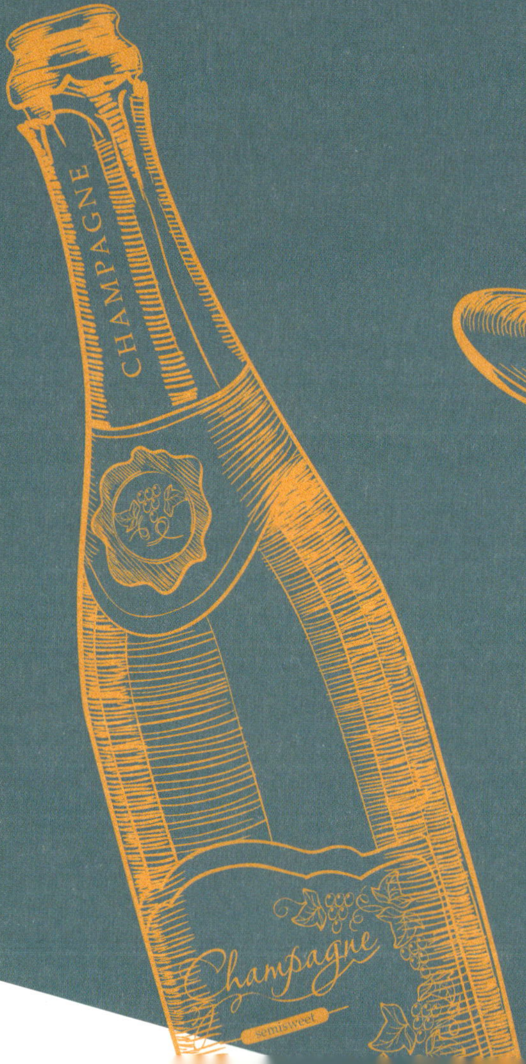

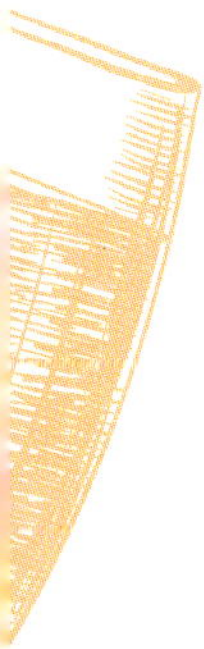

Le débat a longtemps fait rage. Quand il s'agit de déguster du vin de Champagne, faut-il privilégier la coupe, autrefois traditionnelle, ou la flûte, qui a ses partisans inconditionnels? La flûte, disent-ils, conserverait davantage les arômes et les bulles. Il ne s'agirait donc pas uniquement d'un phénomène de mode. Les adeptes de la coupe, de moins en moins nombreux et souvent taxés de snobs ou de ringards, apprécieraient quant à eux de mieux éprouver la pétillance du champagne (à court terme), l'éclatement des bulles au niveau des narines, et d'avoir une perception plus large et plus complète du breuvage. Quitte à courir le risque que leur verre ne se renverse plus facilement que celui des «flûtistes».

Les puristes suggèreront peut-être le blida des vignerons champenois (un petit verre classique autrefois utilisé en Algérie pour le thé, et très pratique car empilable) ou le pomponne (une flûte amputée de la base de son pied, qui ne manque pas d'originalité ni d'élégance, mais qu'il faut vider pour pouvoir poser…). Ou encore, et plus simplement, le verre tulipe, sorte de compromis entre coupe et flûte, qui a d'autant plus de partisans qu'il est un ustensile courant dans la plupart des foyers.

Dans son incontournable ouvrage sur la bonne manière de boire le champagne, mais aussi sur l'histoire et la connaissance de ce breuvage (*Le Livre d'or du champagne*, publié en 1984), François Bonal qualifie la coupe d'«indéfendable».

Les inconditionnels de cette dernière se laisseront toutefois peut-être griser par la légende selon laquelle la première aurait été moulée sur le sein de la marquise de Pompadour, alias Jeanne-Antoinette Poisson, maîtresse favorite du roi Louis XV. Une chose est sûre: Madame de Pompadour raffolait du champagne et en faisait une consommation abondante. Elle disait même: «Le champagne est le seul vin que la femme peut boire sans s'enlaidir.»

Une coupe de champagne a bien été modelée sur le sein de Kate Moss.

Mouler un verre à champagne sur une rondeur mammaire, voilà un fantasme qui s'est concrétisé au XXIe siècle: en 2014, une coupe de champagne a bien été modelée, pour le restaurant Mayfair de Londres, sur le sein de Kate Moss. L'attribut du top-modèle a été immortalisé dans le cristal par une sculpteuse qui n'était autre que l'arrière-petite-fille de Sigmund Freud! Qu'aurait pensé ce dernier du désir de boire du champagne dans un verre épousant le galbe d'un sein? Pour la petite histoire, le verre coûtait 2650 euros…

▲ Le sein de Kate Moss immortalisé par l'artiste Jane McAdam Freud, en vue de la réalisation de coupes en cristal.

Au XVIIIe siècle, un autre récipient s'est inspiré du même principe: le bol-sein, ou jatte-téton, réalisé par la Manufacture de Sèvres à la demande du roi Louis XVI, qui souhaitait en équiper la laiterie du château de Rambouillet pour que son épouse puisse y boire le lait bienfaiteur dans un récipient adéquat. Le bol-sein, c'est tout un symbole! Là encore, la légende veut que le bol ait été moulé sur le sein de la reine Marie-Antoinette. Mais la perfection géométrique de sa courbe, celle du bol j'entends (pardon, Votre Majesté!), ne semble guère accréditer cette thèse. L'objet audacieux se compose d'un bol en porcelaine tendre de couleur chair et d'un trépied orné de têtes et de sabots de bouc, l'animal préféré de Marie-Antoinette. Les 65 exemplaires commandés n'auraient toutefois jamais servi, car livrés après l'incarcération du couple royal.

Quoi qu'il en soit, pour ce qui est de la marquise de Pompadour comme de la reine Marie-Antoinette, la légende a vite été adoptée par le peuple, trop heureux de pouvoir accuser l'une et l'autre de frivolité.

Quant à la flûte à champagne, en tout cas, personne n'a jamais osé imputer son invention au moulage d'un quelconque attribut royal…

Bibliographie

- François Bonal, *Le Livre d'or du champagne*, Lausanne, Éditions du Grand-Pont, 1984.

▲ Madame de Pompadour.

◀ L'objet «seinbolique»
de la Manufacture de Sèvres.

Homard à l'américaine (ou à l'armoricaine ?)

— Chef ! Il y a trois clients qui viennent d'arriver !

Pierre Fraysse, qui s'apprête à suspendre son tablier, pousse un profond soupir.

— Qui est-ce ? demande-t-il à son serveur, qui aimerait bien, lui aussi, rentrer se coucher.

— Je ne sais pas. Des Américains en tout cas ! Je leur ai dit qu'on allait fermer et qu'il n'y avait plus grand-chose à manger. Ils m'ont dit de faire au mieux.

Pierre Fraysse secoue la tête. C'est vrai qu'il a tendance à « chouchouter » la clientèle américaine. Natif de Sète, il a travaillé comme cuisinier à Chicago pendant un certain temps avant de s'établir à Paris. Il y a ouvert son restaurant passage Mirès (aujourd'hui passage des Princes) quelques années plus tôt, en 1854. Il l'a même appelé Peter's pour satisfaire au goût du jour et attirer la clientèle anglo-saxonne, sur laquelle il a d'ailleurs en grande partie bâti sa réputation. Et il la connaît bien, cette clientèle. Il sait comment la séduire : en aménageant, par exemple, au beau milieu du restaurant, un bassin peuplé de crocodiles vivants ou en laissant un jeune ours de Sibérie déambuler

La grande salle mauresque du restaurant Peter's, au passage des Princes à Paris.

entre les tables. Les Américains sont friands de démesure? Eh bien, qu'à cela ne tienne! Pierre Fraysse leur propose des truffes de 500 grammes et des saumons de 40 kilos. Ils adorent! À cela s'ajoute que le chef ne manque pas d'imagination. Il va encore le prouver ce soir.

Fraysse se gratte la nuque en parcourant du regard ses réserves. Que pourrait-il bien concocter sans y passer la nuit? Il ne peut plus leur proposer sa célèbre soupe de tortue ni son rumsteak, tout est parti. Il y a bien ce homard cuit au fond du garde-manger, mais il n'est plus de première fraîcheur. Ou alors, il faudrait l'accommoder de façon à en rehausser un peu le goût. Pierre Fraysse puise dans ses origines méridionales. Une sauce du Languedoc, à base de piments, de tomates, d'ail et d'aromates lui revient à l'esprit. Avec un peu de vin blanc et un verre de cognac, le tour sera joué. S'inspire-t-il d'une recette de homard à la languedocienne («homard à la Bonnefoy») créée en 1853 par Constant Guillot, un autre cuisinier parisien, lui aussi natif de la Provence, et qui tenait les fourneaux du restaurant Bonnefoy? Nul ne le saura jamais.

En tout cas, les Américains se ré-ga-lent. Ils réclament le chef pour le féliciter et lui demandent comment s'appelle ce plat délicieux.

— Et bien... euh, c'est un homard... euh... à l'américaine! dit-il en sachant qu'il ajoutera encore à leur plaisir en l'appelant de la sorte.

De là à transformer «américaine» en «armoricaine», il n'y a qu'un pas.

La recette fera bien sûr le tour de la France, jusqu'en Bretagne, où le homard est nettement plus abondant que dans le Languedoc ou à Paris, mais où l'appellation «à l'américaine» n'est pas des mieux reçues. De là à transformer «américaine» en «armoricaine», il n'y a qu'un pas, que beaucoup franchiront allègrement, prétendant même que la recette est d'origine bretonne et que les Américains n'ont fait que la copier.

D'aucuns imputeront la déformation du mot à un autre grand chef de cuisine. En effet, le homard à l'américaine est mentionné dès le 11 juillet 1858 par Charles Monselet dans *Le Gourmet* (*Journal des intérêts gastronomiques*), et la recette figure sous ce nom dans *Le Livre de cuisine* de Jules Gouffé (1867), le *Grand dictionnaire de cuisine* d'Alexandre Dumas (1873), *Le Guide culinaire* d'Auguste Escoffier (1903), *La Fleur de la cuisine française* de Bertrand Guégan (1921), *Les Plaisirs de la table* d'Édouard Nignon (1926), bref dans tous les ouvrages culinaires de référence. Et Charles Monselet en fait l'éloge dans ses *Lettres gourmandes*, publiées dans le journal *L'Événement* à partir de 1873. Pourtant, en 1938, Prosper Montagné présentera, dans son illustrissime *Larousse gastronomique*, la recette du homard «à l'armoricaine». Choix politique? Non, faute de frappe, paraîtrait-il. On sait pourtant que le cuisinier ainsi que le restaurant Larue, par exemple, réfuteront la paternité américaine de la recette qui viendrait «d'un pays de sauvages incultes dans l'art de la gastronomie»!

Une chose est sûre: la recette n'est d'origine ni américaine, ni bretonne. Elle vient du Midi de la France.

Laissons au poète Raoul Ponchon le soin de conclure à sa façon:

Une Américaine était incertaine
Sur la façon de faire cuire son homard.
Et si nous remettions la chose à plus tard?
Dit le homard à l'Américaine.

HOMARD A L'AMERICAINE.

Coupez des queues de homard en lames d'un centimètre d'épaisseur; rangez-les en couronne dans une casserole à légumes;

Coupez la chair des pattes avec laquelle vous formerez un salpicon pour garnir le milieu de la couronne;

Saucez avec une sauce que vous ferez ainsi :

Mettez dans une casserole des échalotes hachées et lavées; faites-les revenir dans le beurre pendant 2 minutes et mouillez-les avec vin blanc;

Faites-les cuire, puis ajoutez espagnole et purée de tomates par parties égales, avec une pointe de poivre de Cayenne;

Faites réduire pendant 5 minutes;

Passez à l'étamine et saucez le homard;

Faites mijoter à feu très-doux pendant 10 minutes, et servez.

◀ Recette du homard à l'américaine selon Jules Gouffé (1867).

Bibliographie

- *Le Gourmet*, Paris, 11 juillet 1858.
- Jule Gouffé, *Le Livre de cuisine*, Paris, Hachette, 1867.
- Charles Monselet, *Lettres gourmandes*, Paris, E. Dentu, 1877.
- Jean Vitaux, *Le Homard: à l'américaine ou thermidor?*, Canal Académies, 2011.

Homard à l'américaine… pour les blondes

Ce soir est un grand soir! se dit Raymond Champvallon, banquier de son état, mais surtout coureur de jupons invétéré, en vérifiant pour la énième fois la liste des achats qu'il s'apprête à confier à Germaine, sa fidèle cuisinière. Il l'a en effet chargée d'une mission d'importance cruciale: préparer le repas en tête-à-tête qu'il prendra avec une jeune femme belle à croquer, qu'il courtise en vain depuis des semaines, et qu'il souhaite ardemment séduire à l'occasion de ce dîner disons... spécial. Elle s'appelle Célestine.

Il a fait sa connaissance le 15 mai 1903, à l'occasion d'une réception qui suivait la première représentation d'une pièce de Maurice Maeterlinck dont il a oublié le titre. Cette rencontre lui a laissé un souvenir impérissable. Surtout ce décolleté vertigineux, qui dévoilait un monde de blanche douceur et de tendreté, qu'il compte bien explorer ce soir sans modération.

Pour y parvenir, Raymond n'a pas lésiné sur la dépense. Il a fait retapisser sa salle à manger d'étoffe bleu turquoise, vaporiser les tentures d'essence d'héliotrope blanc et disperser des violettes de Parme et des gerbes d'iris sur la commode et les guéridons. Ces idées, bien sûr, il ne les a pas sucées de son pouce. Non, il les a dénichées dans un livre totalement révolutionnaire acheté sur le conseil de son ami Armand, un livre qui n'a pas fini de démontrer son utilité: *Le Manuel culinaire aphrodisiaque – La Cuisine d'Amour*, du Sire de Baudricourt.

Dire qu'il aura fallu attendre le début du XXe siècle pour qu'enfin, quelqu'un se décide à rassembler dans un ouvrage *ad hoc* 130 recettes, choisies parmi les plus efficaces, de «régénération physique, vigueur et santé rendues par l'emploi approprié des condiments et aromates dans la préparation des mets»!

Et c'est grâce à ce Sire de Baudricourt, à qui il faudrait ériger une statue, que Raymond s'apprête à séduire Célestine en deux coups de cuillère à pot. Il est sûr de son affaire. Qu'elle ait accepté son invitation après bien des tentatives infructueuses est déjà un très bon signe. C'est donc ce soir qu'elle passera à la casserole.

Dans le manuel de Baudricourt, les conseils de décoration et d'ambiance complètent des recettes variées, elles-mêmes regroupées dans des menus adaptés aux circonstances ou aux «différentes catégories d'amoureuses convoitées». Raymond s'est inspiré du chapitre «Pour les blondes». Célestine est blonde.

En guise d'apéritif, il a d'abord fait macérer pendant deux jours un peu de racine de gentiane dans de la fine champagne avant d'y ajouter du vin de Médoc, et il a laissé le tout au soleil pendant une semaine. Quant au menu, il est prometteur:

Homard à l'américaine
Œufs Messaline
Perdreaux Sultane
Petits pois à l'ancienne
Pommes à l'Ève gourmande

Vins: sauternes, chambertin, champagne Moët

D'après le Sire de Baudricourt, ce bienfaiteur de l'humanité, «les effets aphrodisiaques de ce menu succulent permettent de commencer les travaux d'approche en même temps que le chambertin; ils doivent coïncider avec l'entrée des perdreaux Sultane». Tout est une question de *timing*.

Raymond Champvallon met dans la confidence son ami Armand, venu prendre un verre de porto, en passant, juste avant l'arrivée de Célestine.

— Je n'ai pas changé les tapis finalement, lui explique Raymond. Ils sont presque neufs et suffisamment épais. Regarde ce qu'il écrit page 59 à ce sujet, ajoute-t-il en lui tendant le livre.
— «La ouate douillette des tapis amortira les chutes des vertus les plus farouches.» En effet, les tiens devraient faire l'affaire, répond Armand avec un clin d'œil. Homard à l'américaine! Eh bien, dis-moi, tu en pinces sacrément pour cette jeune femme.
— Ah, ah! Toujours le mot pour rire.
— Je la connais?
— Je crois. C'est Célestine Bellevue. Si je me souviens bien, tu étais là au mois de mai, à la soirée organisée après la première de cette pièce de Maeterlinck, au théâtre du Gymnase?

▲ Extrait du *Manuel culinaire aphrodisiaque*, du Sire de Baudricourt.

— Oui, oui, répond timidement Armand, tout en rougissant comme le homard devait sans doute le faire au même instant dans la cocotte de Germaine. Bon, il faut que j'y aille, ajoute-t-il brusquement. Je suis attendu au Marguery pour y déguster sa fameuse sole. Je… J'espère que tout se passera bien.

— Tu me parais bizarre tout à coup. C'est toi qui m'as conseillé ce livre. Il n'y a aucune raison que ça rate !

— Non, bien sûr. Mais…

— Mais quoi !

— Écoute, je suis pressé, et Célestine ne va sûrement pas tarder.

— Ah non, tu me caches quelque chose ! Tu ne partiras pas sans m'avoir dit ce qui cloche dans mon plan.

— Bon. Alors, tant pis, je serai franc avec toi… Célestine est une fausse blonde !

— …?!

Bibliographie

- Le Sire de Baudricourt, *Le Manuel culinaire aphrodisiaque – La Cuisine d'Amour*, Paris, Édition photographique, 1903.

Seul

Seul! Voilà un mot qui peut susciter bien des sentiments. L'angoisse aussi bien que la sérénité. Le soulagement aussi bien que l'accablement.

Seul! C'est par ce mot que débute un ouvrage d'une insigne rareté, dont l'avant-propos explique que, dans le contexte culinaire, la solitude est souvent source d'angoisse mais qu'elle ne doit pas pour autant priver le solitaire de la «satisfaction bien légitime de manger convenablement». Cela s'applique tout particulièrement… à l'homme sans femme!

C'est à lui en effet qu'a pensé William Hayward en publiant en 1911 *L'Homme sans femme parfait cuisinier*, un recueil d'une centaine de recettes «destiné aux célibataires, touristes, explorateurs, militaires etc.». Monsieur Hayward ratisse large. L'avant-propos ajoute même l'alpiniste, le colonial et le solitaire en chambre.

L'auteur, qui a déjà publié *La Cuisine pour 3* en 1910 (dans lequel il propose notamment une recette de patte d'ours à la russe), est le fils de G. Hayward, professeur de cuisine à Lausanne et auteur lui-même d'un *Manuel de cuisine* et d'un *Guide culinaire*. On est auteur de père en fils chez les Hayward.

Selon lui, le solitaire, même s'il est content de son statut, a besoin que «son corps jouisse d'une nourriture saine, abondante et variée» pour ne pas perdre sa sérénité. Ses recettes vont de la soupe à la fondue en passant par la limonade et toutes sortes de viande. Son poulet en gypsie, par exemple, ne manque pas d'intérêt:

Poulet en gypsie.

Recette bien connue des habitants des roulottes, des trimardeurs, etc. Ils se procurent, faut-il le dire, sans bourse délier, un poulet aux abords de la ferme voisine ; le plumer et le vider comme au n° 83, c'est leur affaire. Le feu a fini de brûler ; les braises sont recueillies et mises au fond d'un trou creusé dans la terre, sur place, d'environ 40 cm. de profond sur 26 cm. de largeur en tous sens. Le poulet est enveloppé d'une bonne couche de terre grasse (glaise) et posé sur les cendres. Une motte de terre bouche l'orifice du trou et le garde champêtre peut venir.

Le poulet doit cuire ainsi trois quarts d'heure à une heure et demie, suivant la tendresse du bipède, ce dont on doit s'assurer avant de le mettre en terre. Tu le retires de son trou, tu casses la croûte qui l'entoure, et l'odeur qui s'en dégage te dictera ce que tu as à faire.

▲ Extrait de *L'Homme sans femme parfait cuisinier*, de William Hayward.

▶ Dans les autres ouvrages de William Hayward, c'est la femme qui paraît bien seule...

William Hayward pense à tout: imaginez, par exemple, que vous vous retrouviez en rase campagne avec un rôti de bœuf sur les bras. Ne vous affolez pas et consultez sa recette page 33, «rôti en campagne». En un tournemain, vous serez sorti d'affaire.

Bien sûr, tout voyageur solitaire devra prévoir un minimum de matériel avant qu'il ne soit seul et loin de toute civilisation: lampe à alcool, casserole en aluminium, fouet en fil de fer, journal et allumettes, sel, poivre et farine, mais aussi, si possible, cocotte en fonte. On ne sait jamais! Et puis, on peut survivre sans femme, mais pas sans cocotte...

Bibliographie

▶ William Hayward, *L'Homme sans femme parfait cuisinier*, Paris, Berger-Levrault, 1911.

Gourmettes et belles perdrix

« Que les femmes soient aussi raffinées que les hommes en matière de gourmandise, certes non! La femme qui sait boire un verre de vin est une rarissime exception.» C'est en ces termes que s'exprime l'écrivain, journaliste et illusionniste Paul Heuzé en 1928 à propos de la gastronomie féminine.

Il n'est pas le seul homme à penser de la sorte, car, la même année, le célèbre *Club des Cent* exclut officiellement les femmes de ses membres.

Pour Marie Croci, c'en est trop. Son sang ne fait qu'un tour et elle commence par répondre avec véhémence aux allégations de Paul Heuzé: «La femme moins capable que l'homme d'apprécier une chair délicate, de goûter un grand vin? Mais c'est une hérésie contre laquelle je proteste avec la force de tous mes souvenirs.» Elle joint ensuite le geste à la parole en créant le club des Belles perdrix, dont le premier repas a lieu le 18 janvier 1928 au restaurant Chez les Vikings. Il réunit une vingtaine de femmes de lettres, friandes de bons vins et de mets savoureux.

▼ Fin de dîner des Belles Perdrix.

De leur côté, les épouses des «centistes» fondent le Cercle des gourmettes en 1929. La femme gastronome part en guerre contre la misogynie ambiante. Une phallocratie qui a du mal à disparaître, de façon générale, dans le milieu gastronomique et culinaire. Près de cinquante ans plus tard, en 1975, lors de l'émission *Apostrophes* de Bernard Pivot, le cuisinier Christian Guy déclare d'un ton péremptoire: «Si les femmes avaient du talent en cuisine, ça se saurait!» Et il faudra attendre 2007 pour qu'une femme, en l'occurrence Anne-Sophie Pic, soit élue chef de l'année. Cerise sur le gâteau: à l'occasion de la Journée internationale des femmes en 2017, une association gastronomique osera créer le prix de la femme de chef, dédié à l'épouse de cuisinier la plus dévouée!

La femme gastronome part en guerre contre la misogynie ambiante.

Dans leur immense générosité, les Belles perdrix, quant à elles, invitent une fois par an un homme à leur repas. «Contrairement aussi aux clubs masculins de gastronomes qui se refusent à admettre les femmes, les Belles Perdrix, une fois par an, convieront des Perdreaux à leurs agapes. Chaque Perdrix aura le droit d'amener un Perdreau de son choix qui ne pourra jamais être son mari», précise l'article 5 des statuts du club. Elles se réuniront dans un restaurant d'abord chaque mois jusqu'en 1931, puis une seule fois par an. Leur dernier repas aura lieu au Château Margaux en 1937.

Parmi les membres du club figure la romancière Gabrielle Réval, avec qui Marie Croci publiera en 1930 *Les Recettes des belles perdrix*. L'ouvrage présente une sélection de recettes proposées par les membres, mais aussi des cocktails, des conseils de décoration de la table ainsi que des réflexions de Marie Croci sur la femme et la gourmandise. «Peut-être naît-on avec le goût des bonnes sauces comme on naît avec celui de la musique ou de la poésie», écrit-elle notamment.

Pour conclure, et en guise de provocation, citons les propos tenus par un grand chef parisien à l'occasion d'une conférence sur la gastronomie en 2019, où l'on déplorait l'absence des femmes: «L'ADN des femmes, c'est d'enfanter!» a-t-il affirmé. Gageons que, si Marie Croci était encore de ce monde, elle n'aurait pas mâché ses mots...

Bibliographie

- Gaston Derys, *Les femmes sont-elles des «gourmettes»?*, dans *La Femme de France* du 10 juin 1928.
- Gabrielle Reval et Marie Croci, *Recettes des belles perdrix*, Paris, Albin Michel, 1930.

Recettes
des
belles
perdrix
recueillies par
GABRIELLE REVAL
&
MARIE CROCI
ALBIN MICHEL, Editeur PARIS

Le banquet des superlatifs

Organiser un banquet diplomatique, une réception au palais de l'Élysée, l'inauguration de l'Arc de Triomphe ou les festivités marquant la livraison d'une girafe au roi Charles X ne pose aucun problème à la Maison Potel & Chabot. Riche d'une longue tradition culinaire (l'établissement fut créé en 1820), l'illustre traiteur parisien a déjà connu bien des heures de gloire et régalé nombre de princes, ministres et chefs d'État.

Pourtant, lorsque le responsable du protocole du palais présidentiel quitte ce jour-là le bureau de Monsieur Legrand, directeur de Potel & Chabot, ce dernier reste plongé dans la perplexité : à l'occasion de l'Exposition universelle de 1900, organisée pour la cinquième fois à Paris, le président de la République, Émile Loubet, entend inviter les maires de toutes les communes de France, d'Algérie et des colonies. Autrement dit, il faut prévoir un banquet… pour environ 23000 convives ! Auxquels s'ajouteront bien sûr les quelque 3000 cuisiniers, marmitons, maîtres d'hôtel, serveurs et serveuses et autres sommeliers qu'il faudra aussi nourrir. Il s'agira de plus d'être efficace, car le président Loubet entend bien que le repas soit bouclé en une heure et demie, tout en souhaitant un menu digne d'un banquet des maires de France.

▼ Le banquet des maires de 1900.

Même si la maison Potel & Chabot a déjà organisé un déjeuner pour 11000 convives à l'occasion du centenaire de la Révolution, Monsieur Legrand sait d'ores et déjà que le 22 septembre 1900 marquera l'histoire de la gastronomie. Cuire des tonnes de pommes de terre pour toute une armée n'est qu'une question de temps et de ressources humaines. Mais préparer et servir un menu de banquet à 23000 convives en une heure et demie, ça ne se fait pas en deux coups de cuillère à pot !

EXPOSITION UNIVERSELLE

Banquet des Maires de France

Sous la Présidence de

M. ÉMILE LOUBET, Président de la RÉPUBLIQUE FRANÇAISE

MENU

HORS-D'ŒUVRE

Darnes de Saumon glacées Parisienne

Filet de Bœuf en Bellevue

Pains de canetons de Rouen

Poulardes de Bresse rôties

Ballotines de faisans Saint-Hubert
Salade Potel

Glaces Succès. — Condés

DESSERT

VINS

Preignac en carafes ✣ St-Julien en carafes
Haut-Sauternes

Beaune ✣ Margaux J. Calvet 1887
Champagne Montebello

(Potel et Chabot)

PROGRAMME

SALLE DES FÊTES

La Marseillaise

DANSES
DE JADIS ET DE NAGUÈRE

I. — Danses Barbares
II. — Danses Grecques
III. — Danses Françaises
IV. — Danses Modernes

LE CHANT DU DÉPART

Avec le Concours de
LA COMÉDIE-FRANÇAISE
et de
L'ACADÉMIE NATIONALE
DE MUSIQUE ET DE DANSE
(Orchestre de l'Opéra.)

Pour commencer, il faudra dresser deux gigantesques tentes ainsi que d'autres, transversales. Il peut faire très beau en septembre, comme pleuvoir des cordes. Ces pavillons pourront abriter, disons 500, non 700 tables de 10 mètres de long, ce qui correspond à une table de... 7 kilomètres ! Avec le molleton et la nappe qui s'imposent, cela va sans dire. Les chiffres commencent à donner le tournis à Monsieur Legrand, car il imagine la vitesse à laquelle les assiettes devront être acheminées pour que tout le monde soit servi à peu près en même temps. Une cuisine froide s'impose, bien entendu.

Le 22 septembre 1900 marquera l'histoire de la gastronomie.

Bien que les plongeurs puissent se surpasser entre les plats, il conviendra de prévoir un minimum de 125 000 assiettes, ornées d'une reproduction de la tapisserie représentant les armes de la République. Car on ne peut concevoir un tel banquet avec moins de cinq plats, hors-d'œuvre et desserts non compris.

Par ailleurs, il faudra également veiller à ce que les ordres de service puissent être transmis rapidement. Il s'agira donc de mettre quelques bicyclettes à la disposition des maîtres d'hôtel, et même, soyons fous, une automobile De Dion-Bouton pour que le général de brigade puisse circuler entre les tables !

Les plats seront préparés durant les jours précédents : d'abord les terrines de caneton, puis le saumon, et enfin les poulardes et le bœuf. Le tout devra être transporté aux Tuileries dans des malles en osier parées de pains de glace, sans oublier les 1200 litres de mayonnaise.

Enfin, l'argenterie ne sera mise sur les tables et le vin, mis en carafe qu'à partir de 5 heures du matin.

À 11 heures, tout devra être prêt.

Finalement, le repas sera bouclé en 1 heure et 25 minutes. Mission accomplie !

Et le médecin de service n'aura à déplorer aucune indisposition.

Bibliographie

- Stéphane Davet, Un jour, un festin, dans *Le Monde*, 18 août 2020.
- Patrick Rambourg, Becs fins et palais républicains, dans *Historia* n° 862, octobre 2018.

Le fabuleux destin de Germain Chevet

Il n'en mène pas large, Germain Chevet, en ce matin de 1793, quand ses gardiens de prison le sortent de sa cellule pour comparaître devant le commissaire de section révolutionnaire chargé de statuer sur son sort. Jambes flageolantes et cœur résigné, l'horticulteur sait qu'il a commis une faute grave et que ses jours, ses heures peut-être, sont désormais comptés. La justice peut se montrer très expéditive en ces temps d'épuration. Il aurait tant aimé revoir et serrer dans ses bras, une dernière fois, son épouse et ses dix-sept enfants.

Certes, la jolie petite rose appelée Chevette qu'il a créée à l'attention de Madame de Lamballe pour orner sa coiffe et son corsage a autrefois fait fureur à la cour, mais cela ne justifie pas de devoir monter sur l'échafaud. Et le bouquet de roses qu'il faisait parvenir chaque jour à la reine avant la Révolution ne constitue pas non plus, à ses yeux, un crime passible de la peine capitale. Mais en acceptant de dissimuler un message dans un de ces bouquets livrés à la Conciergerie, où Marie-Antoinette est alors enfermée, de participer ainsi à un complot d'évasion, et même de promettre d'héberger et de cacher le couple royal chez lui en cas de succès, il a poussé le bouchon un peu trop loin. Aucune circonstance n'est susceptible d'atténuer la rigueur du tribunal ni de susciter sa clémence.

Il sait que ses jours sont désormais comptés.

Est-ce parce qu'il allègue la difficulté que sa famille aurait de subvenir à ses besoins? Ou bien serait-ce en raison de son talent de jardinier, que le tribunal jugerait opportun d'employer à de meilleures fins? Toujours est-il que le commissaire de section le condamne, non pas à la peine de mort, mais… à raser les roseraies qu'il cultive à Bagnolet et au Trianon, et à faire pousser des pommes de terre au profit du peuple en guise de rachat.

Germain Chevet n'en croit pas ses oreilles! Bien sûr, il ne peut occulter totalement la douleur de devoir guillotiner toutes ces jolies roses et de détruire les précieuses roseraies qu'il entretenait avec passion, mais le soulagement d'être en vie l'emporte vite sur la résignation. La fierté que lui procurait sa Chevette et sa réputation de rosiériste de la cour appartiennent désormais au passé. Il faut tourner la page. De toute façon, le tribunal ne lui donne pas plus de vingt-quatre heures pour mettre la sentence à exécution!

La partie est toutefois loin d'être gagnée. Si Parmentier a publié ses *Recherches sur les végétaux nourrissans* en 1781, son traité de la pomme de terre en 1789 et prône tant bien que mal sa diffusion dans les rations alimentaires des Français, *Malum terrae* reste, dans l'esprit du temps, une plante ornementale dont le tubercule est tout juste bon pour les cochons. Passer de la noble rose à la vulgaire pomme de terre n'est pas chose aisée, d'autant que les conditions météorologiques en cette époque de Petit Âge glaciaire sont désastreuses et que les premières récoltes ne sont guère florissantes.

Mais Germain Chevet est un homme qui sait rebondir. Il a non seulement la main verte, un net penchant pour les choses raffinées et le goût de l'excellence, mais aussi un sens aigu des affaires. À cela s'ajoute que Dame Chevet et leurs enfants, trop heureux que leur époux et père soit demeuré en vie, sont plus que motivés pour mettre la main à la pâte. Au propre comme au figuré.

Il finit donc par s'installer à Paris, dans une boutique blottie au fin fond du Palais-Royal, au bout de la galerie de bois. Le célèbre et malicieux gastronome Alexandre Balthazar Laurent Grimod de la Reynière la décrit même comme étant «le petit trou obscur de Madame Chevet»... Avec ses galeries aménagées une dizaine d'années plus tôt, le Palais-Royal est devenu le cœur gastronome, musical, éditorial et libertin de Paris. *The place to be*. Le célèbre cuisinier Beauvilliers n'est-il pas établi rue de Richelieu? On chante au café du Caveau, on prend des bains dépilatoires dans un établissement spécialisé, on déguste une glace au café de Foy, on dépense son argent dans les salles de jeux, on assiste à des spectacles aux Ombres-Chinoises ou aux Pygmées-Français, on flirte avec les filles du monde, on diffuse de la propagande politique... et on fait bientôt la queue chez Chevet!

Passer de la noble rose à la vulgaire pomme de terre n'est pas chose aisée.

Germain Chevet s'est en effet investi tout entier dans sa nouvelle activité. Il consacre sa créativité et son enthousiasme à la fourniture de denrées alimentaires de qualité et accumule tout ce qui peut satisfaire le palais du Tout-Paris. La pomme de terre est alors devenue secondaire (on le lui reprochera en haut lieu): ce qu'il préfère, c'est confectionner de petits pâtés (notamment des pâtés de Nérac, savoureux pâtés de

▲ Palais-Royal, Galerie de bois, vers 1825.

perdrix confits dans du saindoux et garnis de truffes), lesquels connaissent un vif succès, et proposer du gros gibier, des homards, des huîtres ou, pour reprendre les termes de Grimod de la Reynière, des «monstres aquatiques, fruits et légumes monstrueux». On pourra même y admirer en 1807 une perche de mer de 75 livres!

Le «trou» sis au n° 220 du Palais-Royal voit sa notoriété croître de semaine en semaine et le beau monde s'y presse, à commencer par Mirabeau ou Talleyrand, mais aussi Brillat-Savarin, l'auteur de *Physiologie du goût*, qui y évoque notamment le souvenir d'une botte d'asperges dont le prix lui semble dissuasif. Ce à quoi lui répond Madame Chevet: «Les objets très chers s'écoulent plus vite que les autres, parce qu'à Paris, le cours de la vie amène tant de circonstances extraordinaires qu'il y a toujours des motifs suffisants pour les placer.»

Il a suffi d'un bouquet de fleurs politiquement incorrect pour faire basculer la vie de Germain Chevet. Il suffira d'une épidémie de choléra en 1832 pour faire passer les époux Chevet de vie à trépas en l'espace de quelques heures.

Cependant, jusqu'à la fin du XIXe siècle, la Maison Chevet continuera de fournir les meilleurs produits aux meilleures adresses parisiennes, comme Le Grand Véfour, mais aussi aux plus grandes tables d'Europe. Trois générations de Chevet succèderont en effet au fondateur de l'épicerie, dont la réputation franchira largement les frontières et atteindra son apogée avec François Chevet, quatrième de la dynastie. En octobre 1869, il recevra ainsi d'un riche financier la commande d'un repas réalisé avec des produits expédiés de Silésie, d'Inde ou de Madagascar (le concept d'empreinte écologique n'existe pas encore à l'époque) et dont le menu laisse rêveur: Potage nids de salanganes aux quenelles de touou, Foie de silure en caisse, Truite à la genevoise, Râblé de renne à la Périgord, Selle d'aî-gali au cerfeuil bulbeux, Soufflé de quam aux œufs de caïman, Chaufroid d'ortolan à la Rothschild, Coq vierge rôti, Petits pois à la française, Asperges en branches, Pêches sur pied, Chasselas sur ceps, etc.

Il est permis d'imaginer que les somptueuses tables dressées par la Maison Chevet à Paris, Rome, Vienne ou Saint-Pétersbourg présentaient non seulement l'argenterie, les porcelaines et les cristaux les plus fins, mais qu'elles étaient aussi, en signe de tradition familiale, parsemées de quelques roses délicates.

Bibliographie

- Alexandre Balthazar Laurent Grimod de la Reynière, *Almanach des gourmands servant de guide dans les moyens de faire excellente chère, par un vieil amateur*, Paris, chez Maradan, an XII - 1804.
- Alexandre Balthazar Laurent Grimod de la Reynière, *Manuel des amphitryons*, Paris, Capelle et Renand, 1808.
- Jean Anthelme Brillat-Savarin, *Physiologie du goût, ou Méditations de gastronomie transcendante*, Paris, A. Sautelet et Cie, 1826.
- Charles Lefeuve, *Histoire de Paris rue par rue, maison par maison*, Paris, Reinwald, 1875.
- Pierre Lacam et Antoine Charabot, *Le glacier classique et artistique en France et en Italie*, Paris, chez l'auteur, 1893.
- *Recettes inédites des Chevet*, Paris, Bibliophiles et Graveurs d'Aujourd'hui, 1968.
- Henry Viard, *Paul Corcellet ou les épices de la vie*, Paris, Albin Michel, 1986.

GIGOT DE CHEVREUIL AU VIN DE CHAMPAGNE

Prenez un gigot de chevreuil; faites-le mariner vingt-quatre heures seulement; piquez-le de lard et couvrez bien le dessus; piquez l'intérieur avec des lardons assaisonnés; mettez-le dans une moyenne braisière; garnissez-le d'un oignon, d'une carotte, d'un bouquet garni de thym, d'une feuille de laurier, de quatre ou cinq gousses d'ail; mouillez-le d'une bouteille de champagne, de deux verres de bon bouillon ou de fond de braisière; couvrez-le de papier beurré; faites partir, écumez et chaussez la braisière de cendres chaudes pour la laisser bouillir deux heures; mettez sur le couvercle de la braise allumée pour faire prendre couleur au lard; cuit, passez le fond de la cuisson au travers d'un tamis de soie et faites la réduire à demi-glace en ayant soin de la dégraisser.

Saucez le gigot dessus pour le bien envelopper de sa glace et mettez une manchette à la patte.

▲ Recette de la Maison Chevet, extraite de *Recettes inédites des Chevet*.

Diderot et la « belle restauratrice »

« Mardi, dîner chez la belle restauratrice de la rue des Poulies. On y est bien traité. On y sert bien un peu chèrement, mais à l'heure qu'on veut. (…) On mange seul. »

C'est en ces termes que Diderot relate à sa maîtresse Sophie Volland, dans une lettre datée du 9 septembre 1767, ses premières expériences de «restauré», mot par lequel il désigne un client de restaurant. S'il y a un restaurant, il y a forcément un restauré. Le terme est d'une logique implacable, même s'il n'a plus cette acception de nos jours. Par ailleurs, le qualificatif de «restaurant» ne s'appliquait, jusque-là, qu'aux aliments destinés à conserver ou rétablir la santé. Quant à la restauratrice en question, il s'agit peut-être de l'épouse de Boulanger, qui a eu le mérite d'ouvrir en 1765 le premier établissement auquel pouvait s'appliquer l'appellation de restaurant.

Avant cette date, les traiteurs et les aubergistes servaient certes à manger, mais les premiers ne disposaient pas de tables et les seconds ne proposaient pas de choix entre plusieurs plats ni de tables individuelles. C'est là que réside la grande innovation: on peut désormais manger SEUL à une table et choisir son plat! Une véritable révolution!

Le succès des restaurateurs est retentissant. Dans son *Histoire de la vie privée des Français*, ouvrage des plus intéressants publié en 1782, Le Grand d'Aussy écrit à propos des restaurateurs: «La nouveauté, la mode, & peut être même leur cherté, les accréditèrent; car ce qu'ils fournissaient était plus cher que les traiteurs ordinaires. Mais telle personne qui n'eût point osé aller s'asseoir à une table d'hôte pour y dîner, allait sans honte dîner chez un restaurateur.»

La concurrence est rude entre les traiteurs et les nouveau-venus. Ces derniers finissent par remporter une victoire importante avec la publication de l'arrêt du 28 juin 1786, qui les autorise à servir à manger jusqu'à onze heures du soir en hiver et minuit en été… soit une heure plus tard que les traiteurs et les marchands de vins!

ARRÊT DE LA COUR DE PARLEMENT,

QUI, entr'autres dispositions, permet aux Traiteurs-Restaurateurs de recevoir du monde dans leurs Salles, & y donner à manger jusqu'à onze heures en hiver, & minuit en été, & ce, sous la condition de ne donner à manger que dans les Salles, & de la maniere usitée jusqu'à présent par les Traiteurs & Restaurateurs, sous les peines portées par ledit Arrêt.

Le développement des établissements de restauration se poursuivra après la Révolution, tant en termes de quantité que de qualité, les cuisiniers des grandes maisons de l'Ancien Régime se retrouvant alors sur le marché de l'emploi.

En dépit de la cherté relative du restaurant, Diderot apprécie beaucoup le nouveau concept: «Si j'ai pris du goût pour le restaurateur? Vraiment, oui; un goût infini.» Mais il avoue aussi: «L'hôtesse est vraiment une très belle créature. Beau visage, plutôt grec que romain; beaux yeux; belle bouche, ni trop, ni trop peu d'embonpoint; grande et belle taille; démarche élégante et légère; mais vilains bras et vilaines mains.» La qualité du service, ça compte déjà beaucoup à l'époque...

Bibliographie

- Pierre Jean-Baptiste Le Grand d'Aussy, *Histoire de la vie privée des Français, depuis l'origine de la nation jusqu'à nos jours*, Paris, Imprimerie de Ph.-D. Pierres, 1782.
- *Arrêt de la Cour de Parlement, qui, entr'autres dispositions, permet aux Traiteurs-Restaurateurs de recevoir du monde dans leurs salles, & y donner à manger jusqu'à onze heure en hiver, & minuit en été...* À Paris, chez p. G. Simon et N. H, Nyon, 28 juin 1786.
- Patrick Rambourg, *Histoire de la cuisine et de la gastronomie françaises*, Perrin, 2013.
- Patrick Rambourg, La restauration, une avancée révolutionnaire, *Historia* n° 788, 2012.

Paris à l'époque des premiers restaurants.

DUR AND-BRAGER
COMMISSIONAIRE DE ROULAGE
DEPART TOUS LES JOURS
POUR LA BRETAGNE
ET LE MIDI
N°11
RUE
JEAN TISON
BERNARD
MAÇON
DEFENSE A FAIRE

Kaiseki, qu'est-ce ?

C'est l'aventure ! Mon épouse, mes deux enfants de 14 et 10 ans et moi-même sommes semblables à des explorateurs accostant sur un rivage inconnu. Nous sommes à Kyoto et prêts à découvrir la gastronomie japonaise dans ce qu'elle a de plus traditionnel et de plus raffiné : un repas *kaiseki ryōri*.

Un voyage au Japon, c'est déjà une aventure en soi. Nous en méconnaissons la culture et en ignorons la langue. Un restaurant qui propose des repas *kaiseki* n'a rien à voir avec une brasserie parisienne, dont les codes, les références, les menus et les plats nous sont parfaitement familiers. Et puis, un restaurant comme celui qui nous a été conseillé, il faut le trouver. Le *ryokan*, comme s'appellent les auberges traditionnelles au Japon, est caché au fin fond d'un étroit corridor.

Là, on nous introduit dans un petit salon privé spécialement préparé pour nous accueillir. Le cadre a déjà le goût de l'excellence et un parfum d'exclusivité. Nous sommes aussi intimidés qu'impressionnés, mais également flattés et ravis de l'accueil. La courtoisie va de pair avec le raffinement de la cuisine.

Une fois installés, et après les explications données tant bien que mal par le personnel, nous nous laisserons surprendre par la succession des plats, variés et chatoyants, et l'harmonie des couleurs, des textures et des saveurs. Notre silence est éloquent, tout ponctué qu'il soit par des soupirs de plaisir et des superlatifs, mais aussi par les interrogations légitimes de nos enfants (« C'est bon, ça, qu'est-ce que c'est ? », « Et ça, tu crois que ça se mange ? »).

▼ Entrée d'un ryokan à Kyoto.

La boisson sera aussi traditionnelle que les mets : saké et thé. Au moment de déguster ce dernier, je ne peux m'empêcher de songer au livre d'Okakura Kakuzō, considéré à juste titre comme la bible des amateurs de thé.

Le Livre du thé a été publié en 1927, mais j'aime tout particulièrement l'édition luxueuse publiée en 1930 par Léon Pichon et tirée à 110 exemplaires seulement. Un ouvrage tout aussi raffiné que la cérémonie du thé que l'auteur y décrit.

Couverture
et pages intérieures
du *Livre du thé*,
d'Okakura Kakuzō.

La reliure est cousue à la japonaise et ornée d'idéogrammes brodés, le texte imprimé sur un japon impérial de grande qualité et l'ouvrage illustré de superbes compositions dorées et aquarellées. Bref, le petit jésus en culotte de velours !

L'auteur s'intéresse, entre autres, à l'histoire de la culture du thé, au zennisme, aux chambres à thé, au sens de l'art et aux fleurs. Il accorde au thé une place privilégiée parmi les boissons :

> ***« Il y a dans le goût du thé comme un charme subtil qui le rend irrésistible et propre à être sublimé. Le thé n'a ni l'arrogance du vin ni l'affectation du café – et encore moins l'innocence minaudière du cacao. »***

Revenons brièvement à Kyoto, capitale de la gastronomie nippone traditionnelle. En sortant du restaurant, les papilles encore émues, nous nous retrouvons face à la boutique de glaces de Pierre Hermé. Nous réalisons alors à quel point nous étions engagés dans un lointain voyage d'exploration et totalement déconnectés de notre quotidien. Le dépaysement est une composante essentielle de la gastronomie.

Bibliographie

- Okakura Kakuzō, *Le Livre du thé*, Paris, André Delpeuch, 1927.
- Okakura Kakuzō, *Le Livre du thé*, Paris, Léon Pichon pour les Bibliophiles du Faubourg, 1930.

L'art de mélanger

Que l'art culinaire repose sur une connaissance approfondie de la chimie alimentaire, nul n'en doutera. Mais cette aptitude à combiner, associer, doser et proportionner les substances pour aboutir au produit idéal prend toute sa valeur dans ce que l'on appelle fort justement la «mixologie», c'est-à-dire l'art de créer des cocktails. Dans l'imaginaire du consommateur, la chimie y cède presque la place à l'alchimie, et le barman se métamorphose volontiers en quelque sorcier maniant alambics et éprouvettes.

L'origine du mot «cocktail» est déjà en soi un mystère. S'agit-il d'une déformation du mot français «coquetier»? Serait-ce une allusion à la queue multicolore du paon (*peacock*, en anglais)? Ou trouve-t-il sa source dans le nom de cette énigmatique princesse mexicaine, Xoctl, connue pour les breuvages qu'elle concoctait?

Le nom de chacun des cocktails attise également l'esprit d'aventure, l'envie d'explorer de savoureux mélanges, mais également de donner un bon coup de fouet après une journée de dur labeur (*Ouvre-l'œil*), de «décoiffer» (*Mordant au cognac*), de favoriser les rapprochements (*Kiss-Me-Quick* ou *Coup de foudre*) ou de provoquer une explosion de goûts dans toute la cavité buccale, comme *Lady Killer* ou *Irish Car Bomb*. Dans ce dernier cas, on n'est plus très loin du cocktail Molotov, dont la consommation sans modération peut provoquer bien des dégâts…

Les livres sur le sujet abondent, car tout barman expérimenté et épris de créativité aura à cœur de rassembler ses suggestions dans un recueil de cocktails. Certains ouvrages sont même très recherchés, notamment ceux que l'on vendait sous le manteau à Chicago pendant la prohibition. Peu de risque que le sujet vienne à s'épuiser, sachant que chaque modification de dosage ou l'ajout d'une minuscule pincée d'épices est susceptible de donner naissance à une boisson inédite.

Parmi mes ouvrages de cocktails préférés figure incontestablement le livre de Nina Toye et A. H. Adair, *Petits et grands verres*, publié en 1927. Et plus particulièrement les quelque 275 exemplaires édités en grand format, car ils comportent une dizaine de dessins hors texte supplémentaires de Jean-Émile Laboureur, talentueux illustrateur de nombreux ouvrages de littérature et grand spécialiste de la gravure au burin. Il y rend parfaitement l'ambiance intime et feutrée des bars à cocktails.

Autre ouvrage de référence incontournable: *The Artistry Of Mixing Drinks*, de Frank Meier, barman du Ritz dans les années 1920 à 1940. Il est d'ailleurs, aujourd'hui encore, exposé dans le bar Hemingway du célèbre établissement parisien.

Les tout premiers recueils de recettes de cocktails remontent au milieu du XIXe siècle. Par exemple, l'ouvrage de George Edwin Roberts, *Cups and Their Customs*, de 1863, dans lequel les breuvages sont encore désignés par le terme de «*cups*».

Le dernier chapitre de Nina Toye et A. H. Adair s'achève sur une gravure représentant une tasse celte, au message très éloquent:

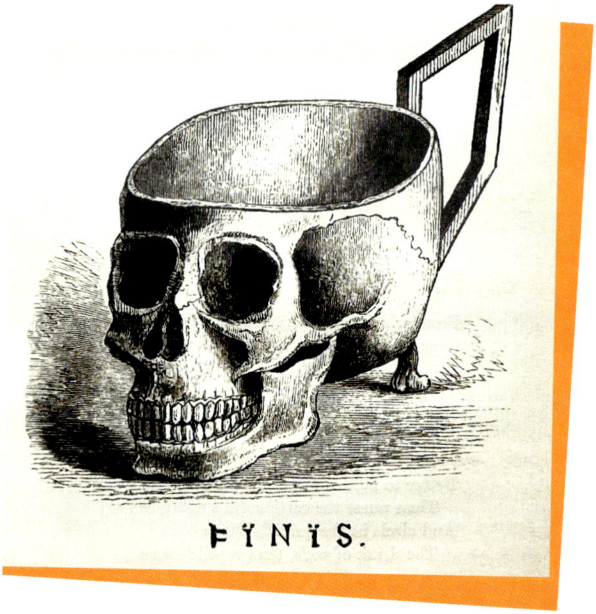

▶ Extrait de *Petits et grands verres*, de Nina Toye et A. H. Adair.

Bibliographie

- George Edwin Roberts, *Cups and Their Customs*, London, John Van Voorst, 1863.
- Nina Toye et A. H. Adair, *Petits et grands verres*, Paris, Au Sans Pareil, 1927.
- Frank Meier, *The Artistry Of Mixing Drinks*, Paris, Fryam Press, 1936.

Comestible ?

Dans son analyse des œuvres scientifiques de Goethe, Ernest Faivre écrit: «L'esprit humain ne saurait atteindre le vrai qu'à travers mille tâtonnements et mille erreurs.» Voilà qui convient parfaitement à l'un des produits les plus mystérieux de la nature: le champignon. Selon certains, le mot latin *fungus* (qui a donné *funghi* en Italien, et fongique en français) signifierait littéralement «faiseur de funérailles». En raison de leur apparition quasiment magique sur les sites les plus improbables et des effets qu'ils produisaient parfois, on les considérait jadis comme des créatures démoniaques.

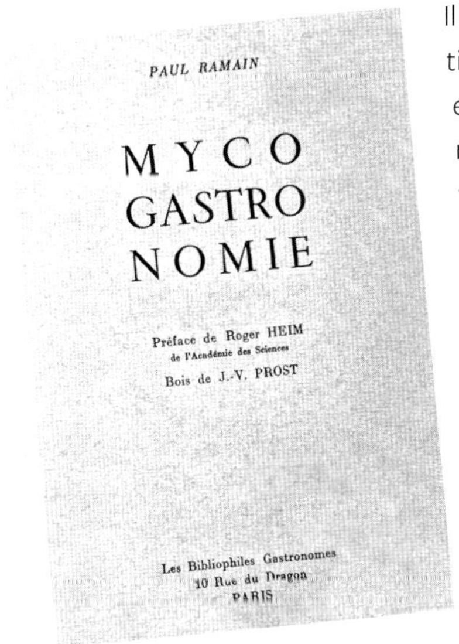

Il est vrai qu'il en aura fallu, des victimes d'intoxication, avant de pouvoir établir une distinction fiable et précise entre champignons comestibles et vénéneux. Des victimes célèbres, même: de Bouddha, vers 480 avant Jésus-Christ, au pape Clément VII en 1534, en passant par l'empereur Claude en 54 (avec l'aide de son épouse Agrippine, il est vrai), les champignons auront marqué l'histoire plus que toute autre substance alimentaire.

Rassurons-nous, les champignons indigestes, vénéneux ou mortels représentent une infime minorité des espèces. Aujourd'hui, les décès annuels liés à leur consommation se comptent sur les doigts d'une main dans un pays comme la France.

Intéressons-nous plutôt aux comestibles, que la présence menaçante des espèces mortelles rend d'autant plus savoureux. Selon Paul Ramain, dans son ouvrage incontournable *Mycogastronomie* publié en 1954, il en existerait 250 espèces en Europe de l'Ouest, dont 20 de première qualité.

L'auteur précise qu'il est parvenu à «déterminer jusqu'ici près de 100 goûts et 275 parfums différents, uniquement quant aux champignons crus». Il dresse également la liste détaillée des espèces les plus délectables, avant de présenter une sélection de recettes aussi originales que salivantes.

Le croque-monsieur, tout le monde connaît. Mais les croque-messieurs truffés Rocamadour, dont les tranches de pain sont tartinées de beurre de truffe et saupoudrées de parmesan, c'est autre chose, surtout accompagnés d'un vieux cahors!

Et le homard aux mousserons de Saint-Georges, revenus dans échalote, ail, persil et cerfeuil, à déguster avec une bonne bouteille de montrachet ?

Rassurons-nous, les champignons indigestes, vénéneux ou mortels représentent une infime minorité des espèces.

Oserai-je mentionner les morilles « de ma grand-mère », « recette familiale d'une rare fragrance, digne d'un repas de gastronomes blasés » ? Elles sont ici assaisonnées de paprika, langoureusement déposées sur un canapé de pain brioché frit à l'huile de noisettes et nappées d'une crème de crevettes. Avec un petit pinot gris d'Alsace, par exemple.

Je ne parlerai pas davantage du gras-double aux clitocybes candides, ni de l'échalotade de bolets, ni de l'omelette aux améthystes, ni du poulet aux délices des poètes, pour ne citer qu'eux.

L'ouvrage comporte même des desserts, ce qui n'est pas courant, notamment une recette de salade d'oronges à l'orange.

Pour en revenir aux conseils pratiques, Paul Ramain recommande de goûter aux champignons crus. « Si vous rejetez le morceau ainsi goûté après une brève mastication, vous ne courez aucun danger, même s'il s'agit d'espèces mortelles. » Nous voilà définitivement rassurés...

Bibliographie

- Ernest Faivre, *Œuvres scientifiques de Goethe analysées et appréciées*, Paris, Librairie Hachette et Cie, 1862.
- Paul Ramain, *Mycogastronomie*, Paris, Les Bibliophiles gastronomes, 1954.

Planche de Jean-Vital Prost, extraite de *Mycogastronomie*.

CLITOCYBE ODORA

(Clitocybe vert anisé)

Hors des sentiers battus

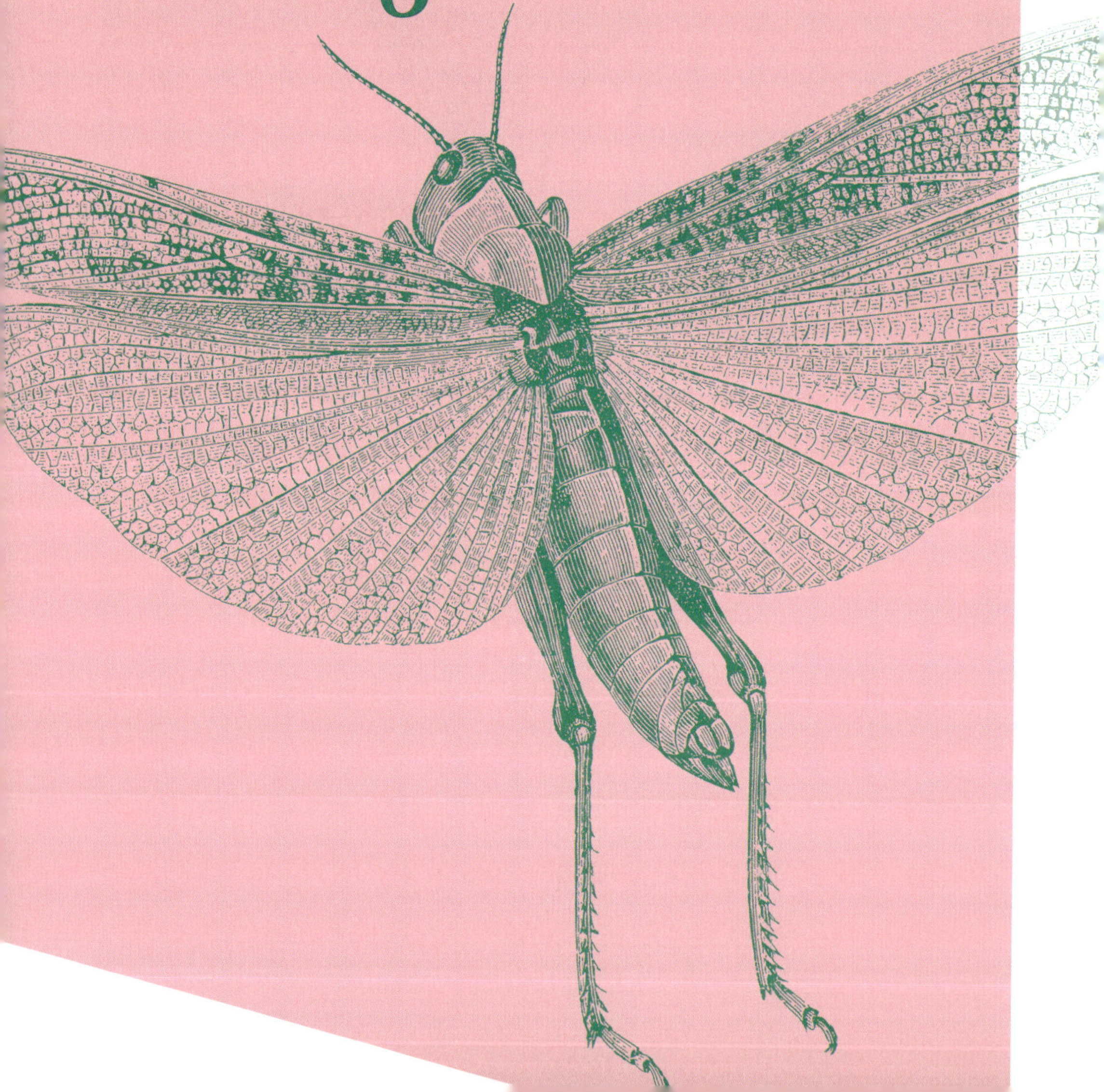

Vous êtes rassasiés des plats traditionnels de la gastronomie française? Vous en avez assez du bœuf bourguignon, du hareng pommes à l'huile et des quenelles de brochet sauce Nantua? Vous rêvez d'une cuisine originale, inédite, novatrice? Soit! Suivez-moi, je vais vous emmener hors des sentiers battus, dans un univers culinaire aussi imprévu que déroutant.

Je ne serai pas seul à vous accompagner dans ce voyage exploratoire. Notre guide sera un illustre inconnu, Maurice Schoebel, auteur d'un livre qui n'a jamais été publié, mais dont j'ai la chance de posséder le tapuscrit original. Il est daté de 1925-1927. Voilà donc près d'un siècle que ce recueil de recettes végète, inexploité, dans les rayons de librairies, de bibliothèques ou de collectionneurs d'ouvrages de gastronomie.

Aventurons-nous maintenant en forêt. Vous me direz que la cuisine des champignons n'a rien de très original, mais qui vous dit que c'est ce dont il est question? Les sous-bois, les espaces verts et les terrains vagues regorgent de ressources auxquelles l'humanité ferait peut-être bien de s'intéresser, plutôt que de persister à surexploiter les sempiternelles mêmes denrées que nous offre la nature.

Vous pensez bien sûr aux fleurs, mais il existe aussi d'autres organismes vivants susceptibles de contribuer à une cuisine raffinée et que l'auteur qualifie certes lui-même de «bizarre». Cherchons, par exemple... une fourmilière. Oui, pour confectionner un joli gâteau de fourmis. Vous choisirez bien sûr la taille de la fourmilière en fonction du nombre de convives et de leur appétit. La recette est d'une simplicité évangélique (voir page suivante).

Il semblerait que les Parthes de l'Antiquité raffolaient des sauterelles.

L'entomophagie, c'est-à-dire la consommation d'insectes, a toujours été le parent pauvre de la littérature gastronomique. Selon certains textes anciens, il semblerait que les Parthes de l'Antiquité raffolaient des sauterelles. Mais il faudra attendre 1885 pour que le naturaliste britannique Vincent Holt publie son manifeste *Why Not Eat Insects?*, qui non seulement proposait des recettes à base de diverses bestioles (sauce aux cloportes, larves de guêpes frites ou phalènes au parmesan), mais faisait aussi l'apologie de ce mode alimentaire. Il préconisait notamment de capturer les sauterelles en cas d'invasion pour offrir aux plus démunis une nourriture abondante et rassasiante.

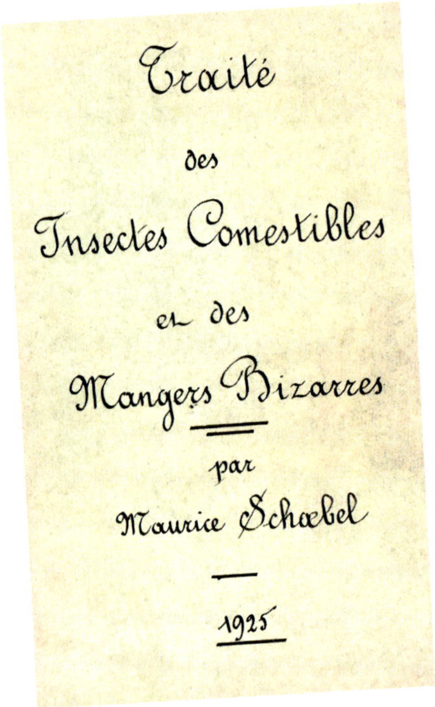
Traité
des
Insectes Comestibles
et des
Mangers Bizarres
par
Maurice Schœbel
1925

Certes, en ce qui concerne la préparation des insectes, Maurice Schoebel admet que la lecture de ses recettes puisse susciter grimaces et moues de dégoût, mais il se justifie en indiquant que «l'Australien, mangeur de chenilles, met au ban de l'humanité l'Européen, mangeur d'huîtres». En fait, tout le problème est là. Pourquoi la cuisse de grenouille serait-elle appétissante et la chenille, répugnante? Et l'escargot vous tenterait-il s'il ne baignait pas dans le beurre, l'ail et le persil?

Au cas où le pudding de sauterelles à la Yamparico, la soupe aux hannetons ou les vers palmistes sautés ne vous inspiraient pas, Schoebel propose d'autres recettes tout aussi surprenantes, mais peut-être également un peu moins rébarbatives: beignets de chrysanthèmes, sirop de coquelicots, violettes pralinées, hélianthes en blanquette et même omelette aux bananes.

Pour en revenir au gâteau de fourmis, il ne faudrait pas non plus négliger l'aspect éminemment pratique de cette recette: partir en pique-nique en n'emportant que des allumettes et une cuillère, cela vous change la vie!

Bibliographie

- Maurice Schoebel, *Traité des insectes comestibles et des mangers bizarres*, Vanves, 1925. *Traité des fleurs comestibles*, Vanves, 1925. *Traité des fruits exotiques*, Vanves, 1926. *Traité des racines*, Vanves 1927.
- Timothée Olivier, *L'Entomophagie en Occident: cas d'étude, sources et influences*, Dans *Autour de la table. Manger, boire et communiquer*, Lausanne, BSN Press, 2020.

GATEAU DE FOURMIS.

Vous entourez de branchages et de menu bois le petit tumulus conique que forme la fourmilière; vousv y mettez le feu.

Les fourmis veulent se sauver dès qu'elles sentent la chaleur, mais, ne pouvant franchir le cercle de braise qui les entoure, elles restent chaez elles et y cuisent comme un gâteau au four. L'opération dure une demi-heure; il reste à ouvrir la croûte, et vous y trouvez une pâte gluante et boire, une sorte decaramel mou, dans lequel vous n'avez plus qu'à plonger la cuiller.

Extrait du *Traité des insectes comestibles et des mangers bizarres*, de Maurice Schoebel.

Querelles

L'histoire de la gastronomie est jalonnée de querelles, réelles ou fictives, au sujet des produits qui font la fierté des régions d'où ils sont originaires. Dès le milieu du XVIIe siècle, par exemple, les pamphlets virulents se multiplient en raison de la rivalité entre vins de Bourgogne et vins de Champagne, et la primauté qu'il conviendrait d'accorder à l'une ou l'autre région vinicole.

Des thèses de doctorat s'opposent même à ce sujet: *Donc le vin de Beaune est le plus suave à boire* titrera l'une d'elles défendue à la Faculté de médecine de Paris en 1652, à laquelle répondra, en 1677, une autre intitulée *Donc le vin de Reims est le plus salubre de tous*.

Les adversaires ne se contentent pas de doux échanges de rimes: la jalousie, le patriotisme régional et les intérêts économiques entrent aussi en jeu. Il n'est pas seulement question des vertus médicinales comparées des breuvages, mais de prestige: quand le médecin du roi Louis XIV décide, en novembre 1694, de remplacer le champagne par du bourgogne sur la table royale, la dispute prend une dimension politico-économico-historique.

J'apprécie tout particulièrement les joutes lorsqu'elles sont bon enfant et intellectuelles. C'est le cas de celle qui a opposé partisans du cidre et ceux du vin, croisant le fer à distance entre le XVIIIe et le XIXe siècle dans un ouvrage peu courant mais savoureux, intitulé *Échange de coups de fouets en vers entre les partisans de la pomme et ceux du raisin,* et publié en 1888. Aux arguments des «cidrophiles»,

Le cidre est sans égal;
Qu'on lui trouve un rival!

... répondent les Champenois et les Bourguignons (exceptionnellement alliés pour l'occasion):

Notre vin de Bourgogne
Enlumine la trogne
Et met le paradis au cœur;
C'est la plus parfaite liqueur.

Il va sans dire que les rivalités régionales se font également sentir (le terme est pertinent) en ce qui concerne les fromages. Les poèmes dithyrambiques vantant leur aspect, leur texture, leur parfum et leurs vertus sont légion. Les pourfendeurs du camembert bénéficient même, au XIXe siècle, du soutien de Brillat-Savarin en personne («Que deviendrait la vie, si tu n'existais pas?»).

Une querelle peu connue opposera deux poètes au XVIIe siècle: d'un côté, Marc-Antoine Girard, sieur de Saint-Amant, membre de l'Académie française, grand amateur de brie; de l'autre, Hélie Le Cordier, médecin et défenseur inconditionnel du pont-l'évêque. Le premier texte voit le jour en 1629; la réponse ne viendra qu'en 1662.

Les deux poèmes sont réunis dans un ouvrage d'une insigne rareté, *Le Brie et le Pont-L'Évesque*, tiré en 1890 à 35 exemplaires.

Saint-Amant dit du brie:

> ***Pont-l'Evesque, arrière de nous,***
> ***Auvergne et Milan, cachez-vous,***
> ***C'est lui seulement qui mérite***
> ***Qu'en or sa gloire fut écrite.***

Ce à quoi Le Cordier rétorquera vingt-neuf ans plus tard à propos du fromage normand:

> ***Des autres il n'a point le fart,***
> ***Tout le monde également l'aime,***
> ***Car il est fait avec tant d'art***
> ***Que jeune ou vieux, il n'est que crème.***

Ajoutons pour la petite histoire que le Sieur de Saint-Amant publiera quelques années plus tard un poème assassin sur le cantal, «un fromage à qui la puanteur doit même rendre hommage»...

Bibliographie

- Pierre Genty et Henri Nicolle, *Échange de coups de fouets en vers entre les partisans de la pomme et ceux du raisin*, Dijon, chez Darantière, 1888.
- Saint-Amant et Hélie Le Cordier, *Le Brie et le Pont-L'Évesque*, Châteaudun, Imprimerie Joseph Pigelet, 1890 [Paris, 1629-1662].

ÉCHANGE
DE
Coups de Fouets
EN VERS
ENTRE LES PARTISANS DE LA POMME
ET CEUX DU RAISIN

CHAMPIONS :

PIERRE GENTY
du côté des Normands
et des Percherons.

HENRI NICOLLE
du côté des Bourguignons
et des Champenois.

SPES·IN·LABORE
DARANTIERE

A DIJON
CHEZ DARANTIERE, IMPRIMEUR
65, Rue Chabot-Charny, 65
1888

LE BRIE
ET LE
PONT-L'EVESQUE
PAR
SAINT-AMANT ET H. LE CORDIER

A PARIS
M.DC.XXIX — M.DC.LXII

La frite de Madame Mérigot

— Un livre de recettes à base de pommes de terre!

— De pommes de terre? reprend l'éditeur Jean-Gabriel Mérigot, dubitatif et quelque peu déconcerté par la suggestion de son épouse. Le sens d'un si hasardeux projet ne tarde toutefois pas à lui apparaître, dans son infinie évidence: ce que sa femme veut, Dieu le veut. Et quand elle se tient ainsi, campée sur ses jambes, le regard perçant, le sourire triomphant et les poings sur les hanches, bien malin qui saurait lui faire changer d'avis. Madame Mérigot n'est de surcroît pas insensible à l'air du temps. Elle aspire à la nouveauté, au changement, à la réforme… et pourquoi pas à la révolution, tant qu'on y est!

Connue du seul nom de Madame Mérigot, son identité est tout aussi opaque qu'une purée mousseline.

Elle n'en est d'ailleurs pas à son coup d'essai. N'a-t-elle pas déjà fait publier en 1782, par l'entremise de son mari, un ouvrage intitulé *L'Orthographe des Dames*, dans lequel elle prône une réforme en profondeur de l'orthographe basée sur la prononciation du français? Selon Madame Mérigot, il faut écrire «fame» et non «femme», «ridicul» au masculin et «ridicule» au féminin! De quoi faire perdre leur latin aux vénérables membres de l'Académie française! Pour gagner en persuasion, l'ouvrage se présente comme l'émanation d'une «Société de dames». Même fictive, l'union fait la force. Sa détermination transparaissait dès la préface: «Nous sommes sans prétention; nous avons cru notre ouvrage utile, nous le publions.» Point barre.

Bien que pourvue d'une personnalité bien affirmée, Madame Mérigot n'en demeure pas moins un mystère. Connue du seul nom de Madame Mérigot, son identité est tout aussi opaque qu'une purée mousseline. D'aucuns affirment qu'elle se prénomme Catherine; pourtant, selon des sources généalogiques, Jean-Gabriel Mérigot aurait épousé une certaine Anne Henriette Michelle Lefébure. Quoi qu'il en soit, même après le décès de son mari en 1818, elle restera résolument «anonyme» en reprenant la maison d'édition sous le nom de… la Veuve Mérigot.

Mais revenons à nos moutons, ou plutôt à notre pomme de terre.

Anne ou Catherine Mérigot propose donc à son éditeur de mari de publier un recueil de recettes exclusivement consacré à un produit qui peine alors à s'imposer dans l'assiette des Français. Si l'intérêt pour le tubercule demeure modeste, ce livre présenterait néanmoins l'avantage

En friture.

Faites une pâte avec de la farine de Pommes de terre, deux œufs délayés avec de l'eau, mettez une cuillerée d'huile, une cuillerée d'eau-de-vie, sel & poivre; battez-bien votre pâte pour qu'il n'y ait pas de grumeaux; pelez-les Pommes de terre crues & coupez-les par tranches, trempez-les dans cette pâte & faites les frire de belle couleur.

Recette extraite de *La Cuisinière républicaine*.

de constituer la première monographie culinaire à lui être dédiée. Joseph Menon a bien proposé deux recettes de préparation de la pomme de terre dans *Les Soupers de la Cour* en 1755, mais seul Antoine Parmentier s'est jusqu'à présent véritablement engagé pour en diffuser l'usage alimentaire. En 1785, il a même fait servir à Louis XVI et Marie-Antoinette un dîner «tout-pomme-de-terre». Malheureusement, par la suite, il s'est surtout obstiné à vouloir en faire du pain, négligeant du même coup les autres modes de préparation. Et faute de gluten, la panification de la pomme de terre s'est avérée difficile, voire impossible. Quel gâchis, Parmentier!

Au fil des mois et des événements, l'idée d'un possible succès d'édition commence à faire son chemin dans l'esprit de Jean-Gabriel Mérigot. Il pense même déjà à un titre, à la fois en phase avec son temps et susceptible d'être apprécié en haut lieu: *La Cuisinière républicaine*.

Les époux Mérigot l'ignorent alors sans doute, mais parmi les 31 recettes que Madame présente, figure ce que certains considéreront comme la première recette de pommes frites. En français, s'entend, car une recette de beignets (*potatoe fritters*) figurait déjà, par exemple, dans le *Discourse Concerning the Improvement of the Potatoe*, publié à Londres en 1733. La prudence est donc de rigueur à ce sujet, d'autant que la paternité de la frite est aussi, bien sûr, revendiquée par les Belges, lesquels l'auraient paraît-il inventée à Namur au XVIIe siècle.

Mais d'abord, de quelle frite parle-t-on? Dans sa recette, ainsi que dans les deux variantes qu'elle propose dans son recueil, Madame Mérigot invite à couper la pomme de terre en tranches ou à en faire des boulettes, avant de les passer à l'huile bouillante. Si elle avait eu l'idée de lui donner sa forme quintessentielle, c'est-à-dire de tailler le tubercule en bâtonnets, elle serait entrée par la grande porte dans l'histoire de l'art culinaire. À vrai dire, il faudra attendre 1825 et la parution du *Nouveau dictionnaire de cuisine, d'office et de pâtisserie* de Borel pour que germe l'idée d'un découpage de la pomme de terre «par tranches minces ou par quartiers longs».

La première recette de pommes frites.

Hormis la friture, Madame Mérigot, toujours soucieuse de simplicité et d'économie, propose une autre recette remarquable: les pommes de terre à l'économe. On cuit et on écrase les pommes de terre, avant de les mélanger avec de la viande hachée, du beurre, du persil et des échalotes. Voilà qui ressemble à s'y méprendre à du hachis parmentier avant l'heure, lequel ne fera pourtant son apparition sous cette appellation qu'au début du XXe siècle.

Jean-Gabriel Mérigot publiera *La Cuisinière républicaine* en l'an III, c'est-à-dire en 1795. Sans toutefois indiquer le nom de Madame. Dommage! Les codes de l'époque, et du monde culinaire en particulier, l'auront dissuadé de publier un livre, qui plus est un recueil de recettes, signé d'une autrice. Pourtant, il aurait pu officiellement offrir à l'ouvrage de son épouse le privilège d'être le premier livre de cuisine français rédigé par une femme...

Bibliographie

- gw.geneanet.org/d197?lang=fr&p=anne+henriette+michelle&n=lefebure
- John Cowell, *A Discourse Concerning the Improvement of the Potatoe*, London, Richard Chandler, 1733.
- Joseph Menon, *Les Soupers de la Cour, ou l'art de travailler toutes sortes d'alimens, pour servir les meilleures tables, suivantes les quatre saisons*, Paris, Guillyn, 1755.
- Antoine Parmentier, *Le Parfait boulanger*, Paris, Imprimerie royale, 1778.
- *L'Orthographe des Dames*, À Paris, chez Mérigot Jeune, 1782.
- *La Cuisinière républicaine*, À Paris, chez Mérigot Jeune, l'An III de la République.
- Borel, *Nouveau dictionnaire de cuisine, d'office et de pâtisserie*, Paris, chez Corbet Aîné, 1825.

Mon docteur le vin

Le débat ne connaîtra sans doute jamais de fin. D'un côté, les détracteurs de l'alcool en général, qui dénoncent les méfaits pour la santé liés à la consommation journalière de vin: allergies, hépatites, migraines et insomnies pour ne citer qu'elles. De l'autre, les partisans acharnés du petit verre quotidien, garant d'une longévité à toute épreuve: prévention d'Alzheimer, des risques cardiovasculaires, remède anti-dépression, parmi tant d'autres.

De tout temps, divers auteurs, scientifiques et médecins notamment – source légitime s'il en est – ont publié des ouvrages destinés à vanter les bienfaits et les vertus du vin. Platon disait de lui qu'il était le lait des vieillards; pour Pasteur, il ne faisait nul doute que «le vin est le breuvage le plus sain et le plus hygiénique qui soit».

La société de négoce de vins des Établissements Nicolas était bien évidemment de cet avis. En 1936, elle confie à Gaston Derys et à Raoul Dufy la mission d'écrire et d'illustrer un livre dédié aux vertus du sang de Bacchus. Son titre ira même jusqu'à transformer celui-ci en médecin: *Mon docteur le vin.*

L'ouvrage, magnifiquement illustré, est un florilège de citations de scientifiques, professeurs d'université, médecins et écrivains, attestant en chœur que l'eau a tendance à épaissir les chairs, que le vin est le grand ennemi des microbes, un tonique pour les muscles, un stimulant pour l'esprit et un amplificateur des défenses de l'organisme, qu'il affine le jugement, et même que l'on peut obtenir un effort supplémentaire d'un cheval en lui faisant boire ce brevage!

Le professeur Dieulafé (si Dieu l'a fait...), de la Faculté de médecine de Toulouse, affirme même: «Une petite quantité de vin agira sur l'enfant comme sur l'adulte en favorisant la sécrétion gastrique au cours même de l'ingestion des aliments.»

Le vin se venge de ses ennemis en laissant leur visage se fleurir d'acné, de boutons, de rougeurs. Et comme Aristophane a raison quand il s'écrie : Le vin est le lait d'Aphrodite.

▶ Extrait de *Mon docteur le vin*, de Gaston Derys.

Illustration de Raoul Dufy, dans *Mon docteur le vin*.

Alors, franchement, on en arrive à se demander ce qui justifierait de boire autre chose que du vin ! D'ailleurs, Gaston Derys dresse un portrait apocalyptique de l'Amérique : « Dans les sports et depuis la prohibition, les Américains ont rétrogradé. Ils ont notamment perdu leur supériorité dans les championnats mondiaux de boxe et n'ont pu conserver le championnat de course à pied que sur les courtes distances. » *Fake news* ?

Rien n'est plus efficace que les statistiques pour étayer une argumentation. Cela tombe bien, le livre de Gaston Derys n'en manque pas. Elles finiront de convaincre les indécis entre le vin et d'autres boissons (presque) aussi vertueuses :

Extrait de *Mon docteur le vin*, de Gaston Derys.

Statistiques du Docteur DOUGNAC

sur 1.000 habitants	au-dessus de 60 ans	au-dessus de 70 ans
dans les régions à Vins	. . . 216	 87
dans les régions à Bière	. . . 165	 68
dans les régions à Cidre	. . . 134	 51

Si vous avez maintenant décidé de remplacer votre armoire à pharmacie par une cave à vins, il faudra la garnir en fonction de vos besoins médicaux.

À titre indicatif, voici ce que propose une affichette des années 1930, dénichée dans un restaurant.

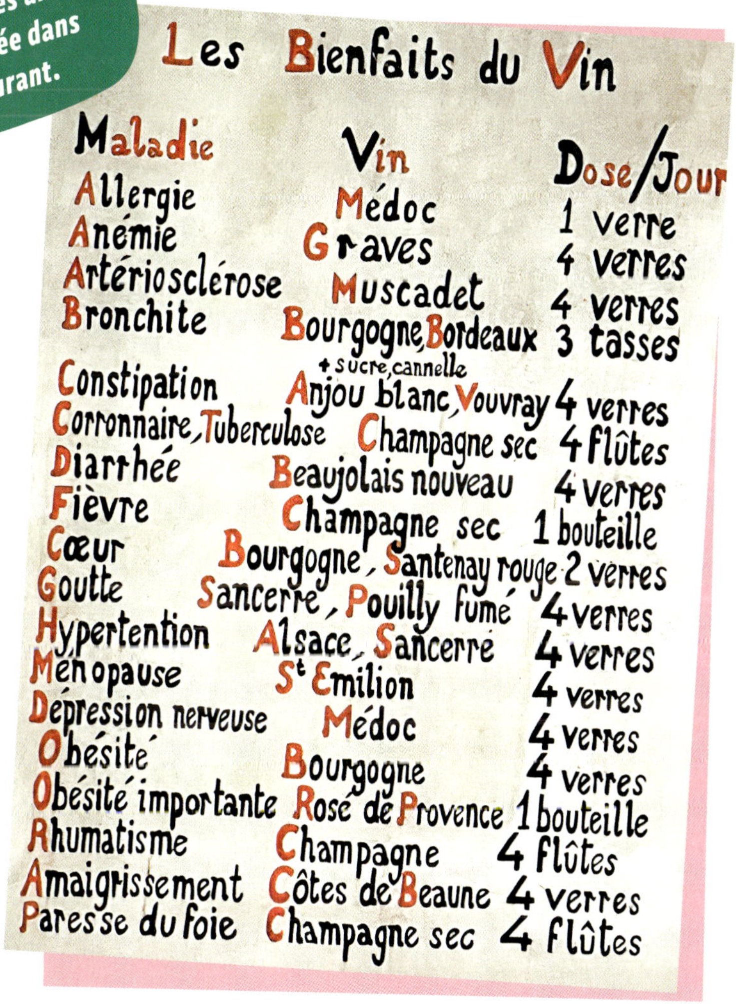

Les Bienfaits du Vin

Maladie	Vin	Dose/Jour
Allergie	Médoc	1 verre
Anémie	Graves	4 verres
Artériosclérose	Muscadet	4 verres
Bronchite	Bourgogne, Bordeaux + sucre, cannelle	3 tasses
Constipation	Anjou blanc, Vouvray	4 verres
Corronnaire, Tuberculose	Champagne sec	4 flûtes
Diarrhée	Beaujolais nouveau	4 verres
Fièvre	Champagne sec	1 bouteille
Cœur	Bourgogne, Santenay rouge	2 verres
Goutte	Sancerre, Pouilly fumé	4 verres
Hypertention	Alsace, Sancerre	4 verres
Ménopause	St Émilion	4 verres
Dépression nerveuse	Médoc	4 verres
Obésité	Bourgogne	4 verres
Obésité importante	Rosé de Provence	1 bouteille
Rhumatisme	Champagne	4 flûtes
Amaigrissement	Côtes de Beaune	4 verres
Paresse du foie	Champagne sec	4 flûtes

Bibliographie

- Gaston Derys, *Mon docteur le vin*, Paris, Draeger, 1936.

L'art de vivre centenaire

Deux mois!

C'est ce que les médecins viennent de lui dire: «Vous avez encore deux mois à vivre!» Luigi Cornaro regarde, songeur, par sa fenêtre, l'activité fébrile qui règne sur le Grand Canal. Venise lui paraît plus belle, plus vivante, plus sérénissime que jamais.

Après tout, il ne peut s'en prendre qu'à lui-même. À force de brûler la chandelle par les deux bouts, il se retrouve, à 35 ans, cloué au lit par des douleurs gastriques virulentes, des accès de goutte récurrents et une fièvre persistante. Il pense avec nostalgie, mais aussi avec un certain dégoût, à ces ripailles sans fin, à ce banquet de la Sensa, à ces nuits de beuverie et de débauche, à ces «festins si monstrueux que les tables ne se peuvent élargir pour recevoir les pyramides de mets entassés», bref à cet amour exagéré de la bonne chère dont souffre, selon lui, l'Italie et dont il fait les frais aujourd'hui.

Il décide de n'avoir plus pour préceptes que la sobriété et la tempérance.

Deux mois! C'est inacceptable, se dit-il en contemplant les reflets du soleil sur l'eau verte du canal. Même si, en cette fin du XVe siècle, l'espérance de vie n'excède pas une quarantaine d'années, l'idée de quitter Venise et le reste du monde en pleine *gioventù* lui est «singulièrement désagréable». Si sacrifice il doit y avoir, sacrifice il y aura! Luigi Cornaro décide de n'avoir plus pour préceptes que la sobriété et la tempérance: «Vivre content de peu en observant la mesure prescrite par la sainte tempérance et la divine raison, à ne manger que ce qui est nécessaire pour subsister, puisque le surplus ne profite qu'à la maladie et à la mort», écrira-t-il plus tard dans son *Traité de la vie sobre*. Il s'engage à se battre contre les superfluités alimentaires.

Sa décision ne manque pas de susciter l'incrédulité et la stupéfaction de son entourage et de ses médecins, mais leur réaction le conforte encore dans sa détermination. Luigi Cornaro est désormais convaincu que la santé passe par une «médecine de soi». Il tient à la vie, même si le prix à payer est élevé. Dorénavant, il mènera une existence exemplaire.

Au grand étonnement de tous, les résultats ne se font pas attendre, et au bout d'une année de régime draconien, les infirmités qui l'accablaient ne sont plus qu'un mauvais souvenir. Sa ration quotidienne est simple: douze onces (soit 340 grammes) d'aliments solides, c'est-à-dire pain, jaune d'œuf et viande, et quatorze onces (soit 400 grammes) de boissons, vin compris. La liste des mets à proscrire est impressionnante : le vin âpre et froid, les melons et autres fruits, la salade crue, les poissons, la chair de porc, les tourtes, les potages aux légumes, les pâtisseries et autres mets similaires ! Un jour, à l'âge de 78 ans, face à l'insistance de son entourage pour qu'il se sustente suffisamment, il aura l'audace d'augmenter sa ration à quatorze onces d'aliments et seize onces de vin pendant une dizaine de jours. *Mamma mia* ! Il souffrira de douleurs insupportables pendant trois semaines et d'une fièvre persistante pendant plus d'un mois. De tels écarts, ça ne pardonne pas !

> **« La nourriture que l'on s'abstient de prendre quand on a bien mangé profite plus que celle qu'on a déjà prise. »**

Et ce n'est pas tout. Il faut en outre « éviter le froid, le chaud, une chaleur excessive, ne pas retarder l'heure habituelle du sommeil, se garder des plaisirs immodérés, ne pas séjourner en mauvais air, ne pas s'exposer au vent ni au soleil ». De même, les passions tristes et les sentiments de haine sont extrêmement nocifs.

Luigi Cornaro respectera scrupuleusement ce mode de vie pendant plus de soixante ans. Né selon toute vraisemblance en 1464, il décèdera plus que centenaire en 1566, à Padoue.

Le besoin de faire part de son expérience, de diffuser la bonne parole et de coucher ses conseils sur le papier ne lui viendra toutefois qu'à l'âge de 85 ans. Il rédigera un ensemble de discours, dont le premier, son célèbre *Traité de la vie sobre*, achevé en 1550 et publié en 1558, regroupe l'ensemble de ses préceptes.

Et si le secret de la santé et de la longévité résidait dans ce principe considéré comme fondamental par Luigi Cornaro ? « La nourriture que l'on s'abstient de prendre quand on a bien mangé profite plus que celle qu'on a déjà prise. »

Bibliographie

- Luigi Cornaro, *Trattato de Vita Sobria*, Padova, 1558.
- Luigi Cornaro, *La Sobriété*, Paris, Librairie J.-B. Baillière et Fils, 1891.

▶ Portrait de Luigi Cornaro, par Le Tintoret.

Blanc ou rouge ?

— Tu plaisantes?
— Comment ça, je plaisante?
— C'est hors de question!
— Quoi, du meursault avec le fromage?
— Avec la tomme de Savoie, je bois du chinon, un point c'est tout!

Mon père est redoutable et inflexible en matière de mariage entre les mets et les vins. C'est un inconditionnel des vins de Loire, qu'il boit presque avec tout. C'est bien simple, sa devise, dont il est très fier, est limpide: «Un vin de Loire, chinon rien!»

— Oui, mais il y aura du comté et du reblochon sur le plateau. Je suis sûr que notre invité appréciera de boire du meursault avec le fromage. N'oublie pas qu'il est membre de l'Académie des gastronomes...
— Académie ou pas, je suis sûr qu'il appréciera le chinon.
— Je te signale quand même que le meursault est recommandé par Philippe Bourguignon dans son bouquin, *L'Accord parfait*.
— Ah! Bien sûr, avec un nom pareil, il ne va pas recommander du bordeaux!
— Son livre est une référence. Je m'en inspire très souvent et mes invités ne s'en sont jamais plaints.
— ...

Je me résigne temporairement devant son silence. Après tout, le plus simple sera de proposer les deux vins au dîner. Comme ça, tout le monde sera content.

Le débat sur l'accord entre les plats et les vins existe depuis toujours. Enfin, disons depuis le début du XIXe siècle. Auparavant, le service à la française impliquait que tous les plats, et partant tous les vins (en général un vin unique), étaient posés sur la table dès le début du repas. Il faudra attendre l'adoption du service à la russe pour que le choix du vin s'avère crucial, dans la mesure où les plats étaient amenés l'un après l'autre.

En vérité, hormis quelques principes objectifs acquis – tels le blanc sec avec les fruits de mer, un blanc moelleux avec le foie gras, ou privilégier les accords régionaux –, c'est la culture locale, la sensibilité personnelle ainsi que le goût individuel, et donc forcément subjectif, qui déterminent le choix du vin. Dans son avant-propos sur l'accord parfait, le sommelier

l'Accord parfait

Philippe Bourguignon

Préface de Jacques Puisais

Avec la collaboration d'Évelyne Malnic

Photographies de Daniel Czap

Philippe Bourguignon le formule tout aussi parfaitement: «Le mariage idéal des mets et des vins est très difficile à codifier, de la même façon qu'il est malaisé de définir ce qui fait l'harmonie d'un couple.» Dans la préface de l'ouvrage, Jacques Puisais, expert en vins s'il en est, abonde en ce sens: il faut faire son choix «afin que les mets et les vins soient passionnément épris l'un de l'autre». Ce qui laisse une belle marge d'interprétation.

«Le mariage idéal des mets et des vins est très difficile à codifier, de la même façon qu'il est malaisé de définir ce qui fait l'harmonie d'un couple.»

L'originalité de *L'Accord parfait* réside d'ailleurs dans l'idée, encore peu répandue aujourd'hui, de choisir le vin d'abord, puis seulement le plat qui l'accompagnera.

J'avoue privilégier volontiers les affinités régionales. L'association du cidre et du camembert, par exemple, testée il y a quelques années, m'a conforté dans cette option. D'ailleurs, dans son *Almanach des gourmands* de 1804, Grimod de la Reynière recommande de n'accompagner les jambons disponibles à Paris «qu'avec le vin de leur pays». Par rapport aux mœurs de l'époque, c'est une première!

Bibliographie

- Philippe Bourguignon, *L'Accord parfait*, Paris, Éditions du Chêne, 1997.
- Jean-Robert Pitte, *Les Accords mets-vins*, Paris, CNRS Éditions, 2017.
- Alexandre Balthazar Laurent Grimod de la Reynière, *Almanach des gourmands servant de guide dans les moyens de faire excellente chère, par un vieil amateur*, Paris, chez Maradan, an XII - 1804

Le petit café blanc

J'aime le café Vernouillet. Je suis ce qu'on appelle un habitué. J'aime m'asseoir sur la banquette près de la fenêtre pour y observer les mouvements de la rue, mais je ne me formalise pas si elle est occupée. Aux beaux jours, la terrasse est aussi très accueillante.

Ce matin, l'illustrateur Henri Boutet est installé à deux tables de moi. J'observe l'artiste au travail. Il est en train d'esquisser un couple élégant attablé non loin de nous. Un rendez-vous galant, de toute évidence.

Extrait du *Petit Café blanc*, d'Henri Boutet.

▲ Extrait du *Petit Café blanc*, d'Henri Boutet.

Henri Boutet prépare précisément un ouvrage sur le café Vernouillet, *Le Petit Café blanc*, car celui-ci est menacé de démolition. Il tient à immortaliser par le texte et l'image ce genre d'établissement si parisien, ces «endroits de vie intime et de douce rêverie» en voie de disparition, ainsi que les clients qui le fréquentent: des joueurs de manille et de polignac, des fonctionnaires à la retraite, des boutiquiers voisins et des représentants de commerce, des bavards et des solitaires. Tous se retrouvent à l'apéritif, devant un verre de vermouth, parfois pour «y chercher l'oubli et y chasser l'amertume des heures».

Ce petit café typique des faubourgs parisiens associe un charme désuet et une chaleur accueillante. On n'y entend que le carambolage des boules de billard et les jurons de joueurs de cartes malchanceux. L'ambiance est conviviale. Madame Vernouillet, aussi plantureuse qu'immuable derrière son comptoir, y contribue dans une large mesure. C'est elle qui assure le liant entre clients de passage, habitués et résidents du quartier, créant ainsi «une petite famille qui [s'associe] aux événements que la suite des heures [vient] leur apporter».

Henri Boutet n'en est pas à son coup d'essai. Il a déjà publié de délicieux almanachs, et illustré de nombreux ouvrages, notamment sur Paris, mais aussi et surtout sur la femme et la mode féminine. Il adore croquer (dessiner, j'entends) de jolies Parisiennes élégantes à la taille de guêpe et au nez retroussé. À leur toilette ou au saut du lit, tricotant ou jouant du piano, dansant ou affrontant les giboulées, les femmes d'Henri Boutet sont souvent actives et déterminées.

Je profite encore quelques instants de la sérénité ambiante, tandis que le boucher du quartier déplore la perspective des futurs travaux d'aménagement de la place, avec l'installation du «vomitoire du métro» et de bars équipés de phonographes.

Bibliographie

► Henri Boutet, *Le Petit Café blanc*, Paris, Librairie Barboteaux, 1913.

Le petit Café blanc

Le bréviaire des gourmands

Paris m'impressionne. Elle est tellement vaste, grouillante, odoriférante. En ce printemps de 1805, je la découvre pour la première fois et la vie foisonnante qui y règne dépasse ce que j'avais imaginé du fin fond de ma province. C'est une ville dans laquelle il est très facile de se perdre et de rechercher en vain ce dont on a besoin: un dédale de ruelles, parfois peu engageantes, des échoppes à chaque coin de rue et une multitude de marchands de vins, d'aubergistes et de traiteurs parmi lesquels il n'est pas toujours aisé de faire son choix.

▼ Le «Jury dégustateur» de Grimod de la Reynière (extrait de l'*Almanach des gourmands*).

Fort heureusement, avant mon départ, j'ai fait l'acquisition de l'*Almanach des gourmands* de M. Grimod de la Reynière, que l'on m'a vivement recommandé et qui devrait d'ailleurs trouver sa place dans ma librairie. C'est un ouvrage tout à fait nouveau, car il guide pour ainsi dire son lecteur dans ses achats et sa consommation alimentaire de même que dans ses promenades gourmandes à travers Paris. Le premier almanach, publié en 1803, est censé faire l'objet d'une mise à jour chaque année, en fonction des recherches et des découvertes effectuées par Grimod de la Reynière et son fameux *jury dégustateur*.

Je voulais déjeuner chez Véry, mais la file d'attente est trop longue. Et si j'allais chez Les Trois Frères provençaux? Grimod de la Reynière en dit le plus grand bien: «Les Frères provençaux sont toujours renommés pour leur brandade de merluche et les divers ragoûts de leur pays.» Ça tombe bien, j'adore la brandade. Et puis le trajet des Tuileries jusqu'au Palais-Royal n'est pas si long, finalement.

L'almanach ne comporte aucune indication géographique si ce n'est le nom des rues. Peut-être serait-ce une bonne idée si à l'avenir ce type d'ouvrage proposait également des plans de quartier pour faciliter la localisation des bonnes adresses et l'orientation dans cet immense labyrinthe qu'est Paris.

La carte du restaurant, un document très pratique sur lequel sont inventoriés tous les plats proposés par l'établissement, est sidérante. Elle propose une multitude de plats, dont la morue à la provençale, comme l'établissement appelle la brandade. Et puis, soyons fous, je prendrai un petit pot de groseilles de Bar en dessert.

Le Palais-Royal est vraiment un lieu extraordinaire, où se côtoient les cafés, les traiteurs, les libraires et les maisons de plaisir. J'en profite pour chiner chez mes confrères, où je dégote deux ou trois ouvrages recherchés de gastronomie.

L'almanach ne manque pas d'adresses dans le quartier. Il mentionne notamment à la page 99 un confiseur nommé Berthellemot, « artiste plein de goût », selon Grimod. J'achète quelques bonbons parmi les nouveautés de l'année, aux noms certes politiquement corrects, mais paraît-il délicieux : bonbons à l'Aigle impérial, bonbons à la Bonaparte… Je sais qu'à la maison, je vais obtenir un franc succès avec ces friandises directement rapportées de Paris.

Il faut aussi absolument que j'aille chez M. Le Sage. « Le jambon y est préparé de manière à fondre sous la dent », affirme Grimod de la Reynière. Je

▼ Extrait de la carte des *Trois Frères provençaux.*

Les Trois Frères Provençaux,

Restaurateurs, Palais-Royal, au Perron, N° 3.

DEJEUNERS ET DINERS.

	F.	C.
glace pour rafraîchir.		25
ı.		25
POTAGES.		
andes.		75
que.		60
iz et à la purée.		50
ermicelle clair ou à la purée.		50
Julienne.		50
:houx.		50
:roûtons.		60
		60
nacaroni.		75
TITS HORS-D'ŒUVRES.		
tranche.	1	25
Bayonne.	1	
ɔinards.	1	25
s aux câpres et anchois.	1	
		75
é.	1	30
		40
		50
les deux		20
le petit pain.		40
de Provence.		75
hois aux fines herbes.	1	20
douzaine, 60 c. d'Ostende.		

MOUTON.	F.	C.
Pieds d'agneaux à la poulette.	1	50
Côtelettes de mouton aux laitues, les deux.	1	50
Une côtelette de mouton à l'épigramme.	1	
Côtelettes de mouton panée, grillée, les deux.	1	25
Filet de mouton au chevreuil, les deux.	1	
Gigot de mouton aux baricots, ou aux épinards.	1	20
Côtelettes de mouton à la minute.	1	20
Côtelettes de mouton aux légumes.		
Rognons de mouton au vin de Champagne, ou à la maître-d'hôtel.	1	90
Poitrine de mouton panée, grillée, sauce piquante.	1	20
Deux côtelettes de mouton à la Provençale.	1	20
Côtelette de porc frais, sauce Robert.		
Deux côtelettes d'agneau aux laitues.		
POISSONS.		
Homard, 5 fr. . . . . la moitié.	2	50
Alose grillée, sauce à l'oseille.	2	
Truite saumonée.	2	
Ecrevisses au naturel.	2	60
Turbot, sauce aux câpres, 2 fr. . . . aux huîtres.	2	25
Morue à la provençale, 1 fr. 75 c. aux truffes.	1	50
Morue d'Hollande à la maître-d'hôtel	2	
Saumon frais, sauce aux câpres ou à la provençale.	1	50
Raie, sauce aux câpres ou au beurre noir.	2	
Matelotte d'anguille et carpe.	2	
Tronçon d'anguille à la tartare ou à la provençale.	3	
Sole aux fines herbes.	3	6[illegible]
Sole frite 3 fr. à la Colbert		

DESSERTS.

Raisin de Fontainebleau.
Pêche au sucre.
Orange au sucre.
Salade d'oranges.
Fraises au sucre.
Framboises au sucre.
Groseilles au sucre.
Nougat blanc de Marseille.
Fromage à la crème.
Marmelade d'abricots.
Confitures de cerises.
Gelée de groseilles.
Pêche à l'eau-de-vie.
Abricot-pêche à l'eau-de-vie.
Prunes à l'eau-de-vie, les deux.
Cerises à l'eau-de-vie.
Biscuits à la crème.
Macarons les quatre, ou biscuit de Reims les deux.
Fromage de Chester.
Fromage de Roquefort.
Fromage de Brie.
Fromage de Gruyère ou de Neufchâtel.
Fromage de Hollande.
Chinois au sucre ou à l'eau-de-vie les trois.
Groseilles de Bar, le petit pot.
Compote de pommes, de poires.
Compote d'oranges, de pruneaux ou de cerises.
Gelée de pommes.
Quatre mendians.

▲ Foyer du théâtre Montansier, Palais-Royal, vers 1800.

salive déjà en parcourant la courte distance qui me sépare de la rue Montorgueil, en me disant que Paris est un véritable lieu de perdition gastronomique, et je bénis l'auteur de l'almanach de m'aider à m'y perdre rationnellement.

Décidément, ce genre de guide a de l'avenir.

Bibliographie

- Alexandre Balthazar Laurent Grimod de la Reynière, *Almanach des gourmands servant de guide dans les moyens de faire excellente chère, par un vieil amateur*, Paris, chez Maradan, an XIII - 1804.

Cocks et Féret

Lorsque l'éditeur bordelais Michel-Édouard Féret découvre en 1846 *Bordeaux, its Wines and the Claret Country*, signé d'un certain Charles Cocks, Anglais établi sur les bords de la Gironde, il se dit qu'une version française de l'ouvrage serait la bienvenue. Stimulée par la méfiance d'alors envers la qualité de l'eau, la consommation de vin ne cesse de se développer dans toutes les régions de France et toutes les couches de la société. Peut-être, songe Féret, serait-il temps de mettre en lumière les vins de qualité et les grands crus, par rapport aux piquettes consommées quotidiennement en grandes quantités.

Aussitôt dit, aussitôt fait. L'éminent traducteur et professeur agrégé de langue vivante qu'est Charles Cocks accepte volontiers l'offre de l'éditeur, et une version française voit le jour en 1850: *Guide de l'étranger à Bordeaux et dans la Gironde: Bordeaux, ses environs et ses vins.*

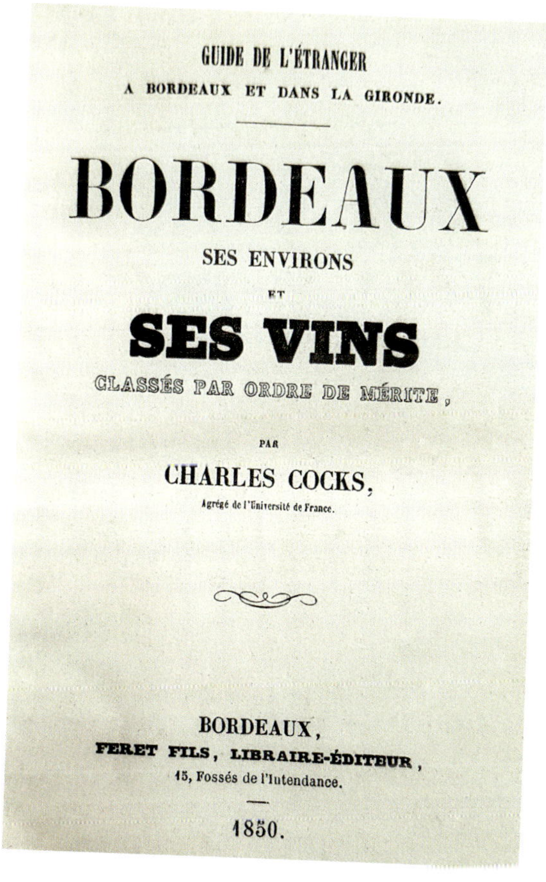

GUIDE DE L'ÉTRANGER
A BORDEAUX ET DANS LA GIRONDE.

BORDEAUX
SES ENVIRONS
ET
SES VINS
CLASSÉS PAR ORDRE DE MÉRITE,

PAR
CHARLES COCKS,
Agrégé de l'Université de France.

BORDEAUX,
FERET FILS, LIBRAIRE-ÉDITEUR,
15, Fossés de l'Intendance.

1850.

À l'origine, l'ouvrage est avant tout un guide touristique. La première moitié se consacre ainsi exclusivement à la découverte de Bordeaux et de ses environs. En cette fin de XIXe siècle, les Britanniques apprécient particulièrement d'explorer le continent européen, faisant pousser les hôtels Victoria et autres Régina comme des champignons dans toutes les régions touristiques.

La seconde partie du guide, en revanche, ne manque pas d'originalité, car Charles Cocks y établit un inventaire des crus du Bordelais… classés par mérite! «Nous avons pris pour base de classement le prix de vente moyen sur lie», précise-t-il dans sa préface. Il définit ainsi, pour le Médoc par exemple, une première liste de grands crus:

Premiers Crûs.

Les quatre premiers crûs suivaient autrefois le même prix; depuis plusieurs années, cependant, le Haut-Brion, situé dans les graves de Pessac, n'atteint pas les prix des trois grands crûs du Médoc.

Crûs.	Communes.	Tonn.
Lafite (Sir S. Scott).	Pauillac. . .	160
Château-Margaux (Aguado). . .	Margaux. .	140
Latour (De Beaumont et autres).	Pauillac. . .	90
Haut-Brion (Larrieu).	Pessac. . .	120

▲ Extrait de *Bordeaux, ses environs et ses vins*, de Charles Cocks.

▲ Le port et les quais de Bordeaux au XIXe siècle.

Cocks présente chaque commune dans le détail (situation, sol, sous-sol, encépagement, population, production, nom des producteurs, etc.), fournissant ainsi des informations aussi précises que précieuses qui serviront à l'établissement, en 1855, de la première classification officielle des vins de Bordeaux. On imagine le travail de fourmi accompli par l'auteur pour formuler une nomenclature aussi exhaustive… ainsi que les innombrables dégustations effectuées par pur souci de professionnalisme.

Aujourd'hui, on parle du *Cocks et Féret* comme du *Gault et Millau* ou du *Robert*. À l'instar de nombreux auteurs qui, de leur vivant, ne soupçonnaient pas qu'ils passeraient un jour à la postérité, Michel-Édouard Féret ne se doutait certainement pas que la 19e édition de son ouvrage paraîtrait en 2014, riche de 1950 pages !

Bibliographie

- Charles Cocks, *Bordeaux, ses environs et ses vins classés par ordre de mérite*, Bordeaux, Féret et fils, 1850.

Il y a fondue et fondue

Parmi les plats dont l'origine se perd dans la nuit des temps, la fondue occupe une place de choix. Homère en fait mention dans *L'Iliade* à propos d'un breuvage composé de fromage et de vin, et qui aurait requinqué le chirurgien du camp grec, Machaon, lors de la guerre de Troie. Il faudra toutefois attendre la fin du XVIIe siècle pour que la fondue soit mentionnée en Suisse pour la première fois. C'est en effet en 1699, et sous ce nom, qu'elle fait son apparition dans un manuel publié à Zurich, le *Kochbuch der Anna Margaretha Gessner* – là encore sous forme d'une sorte de soupe au fromage, ou d'un mélange de fromage et de vin.

Comme on peut s'y attendre, ce plat composé à partir du lait produit dans les alpages a fait l'objet de nombreuses interprétations et variantes régionales. Le principe de base est de faire fondre le fromage, mais ensuite, il y a fondue et fondue !

Celle que déguste Jean-Anthelme Brillat-Savarin (auteur de l'illustrissime *Physiologie du goût*) en 1792 dans la Broye, près de Lausanne, n'a rien à voir avec les fondues proposées aujourd'hui dans les restaurants de Fribourg, de Sion ou de Neuchâtel, pour ne parler que de la Suisse. Fuyant la France, où sa situation commence à sentir le roussi, Brillat-Savarin fait étape à Moudon. On lui sert alors une fondue confectionnée d'après la recette du bailli local.

RECETTE DE LA FONDUE

Telle qu'elle a été extraite des papiers de M. Trolliet, bailli de Moudon, au canton de Berne.

Pesez le nombre d'œufs que vous voudrez employer d'après le nombre présumé de vos convives.

Vous prendrez ensuite un morceau de bon fromage de Gruyère pesant le tiers, et un morceau de beurre pesant le sixième de ce poids.

Vous casserez et battrez bien les œufs dans une casserole ; après quoi vous y mettrez le beurre et le fromage râpé ou émincé.

Posez la casserole sur un fourneau bien allumé, et tournez avec une spatule jusqu'à ce que le mélange soit convenablement épaissi et mollet ; mettez-y un peu ou point de sel, suivant que le fromage sera plus ou moins vieux, et une forte proportion de poivre, qui est un des caractères positifs de ce mets antique ; servez sur un plat légèrement échauffé ; faites apporter le meilleur vin, qu'on boira rondement, et on verra merveilles.

◀ Extrait de *Physiologie du goût* (édition de 1879), de Brillat-Savarin.

▲ Moudon au début du XIXe siècle.

Et le caquelon? Et le pain? Et les pommes de terre? Et le vin blanc qu'on mélange au fromage? Brillat-Savarin relate par ailleurs qu'à la fin du XVIIe siècle, à l'occasion de son banquet de réception, le nouvel évêque de Belley aurait, par erreur, mangé sa fondue avec une cuillère au lieu d'une fourchette!

Les frontières n'étant pas imperméables, et l'onctuosité du fromage fondu aidant, des alliances sont scellées entre les régions pour aboutir à la forme la plus répandue de fondue, la «moitié-moitié», appelée couramment «moit'-moit'», c'est-à-dire un mélange de gruyère et de vacherin fribourgeois.

À Fribourg, cependant, les papilles font toujours de la résistance. On y préfère la fondue simple, préparée exclusivement avec le vacherin local et de l'eau (à une température impérativement maintenue aux alentours de 45-50°), et servie avec des pommes de terre. Cette recette aurait d'ailleurs été préparée à la cour du roi de Pologne en 1743 par un aventurier fribourgeois, le baron Griset de Forell, qui s'était procuré le fromage chez son frère, le bailli de Bulle (distant d'une trentaine de kilomètres de Moudon).

En Valais, le fromage fondu s'est acoquiné avec la tomate et la polenta. Dans son excellent livre sur le patrimoine culinaire valaisan, Zoltan Szabo explique qu'il faut faire couler à la louche le mélange de coulis de tomates et de fromage fondu, éventuellement affiné au cognac, sur un lit de pommes de terre cuites dans leur robe. On en mangerait!

En guise de conclusion, et afin de mettre tout le monde d'accord, nous laisserons à Brillat-Savarin le soin de trancher:

> **[La fondue] est un mets sain, savoureux, appétissant, de prompte confection, et partant toujours prêt à faire face à l'arrivée de quelques convives inattendus.**

Bibliographie

- Jean Anthelme Brillat-Savarin, *Physiologie du goût, ou Méditations de gastronomie transcendante*, Paris, A. Sautelet et Cie, 1826.
- Zoltan Szabo, *Patrimoine culinaire valaisan*, Crémines, Éditions Max Valrett, 2003.

« L'homme est le meilleur aliment de l'homme »

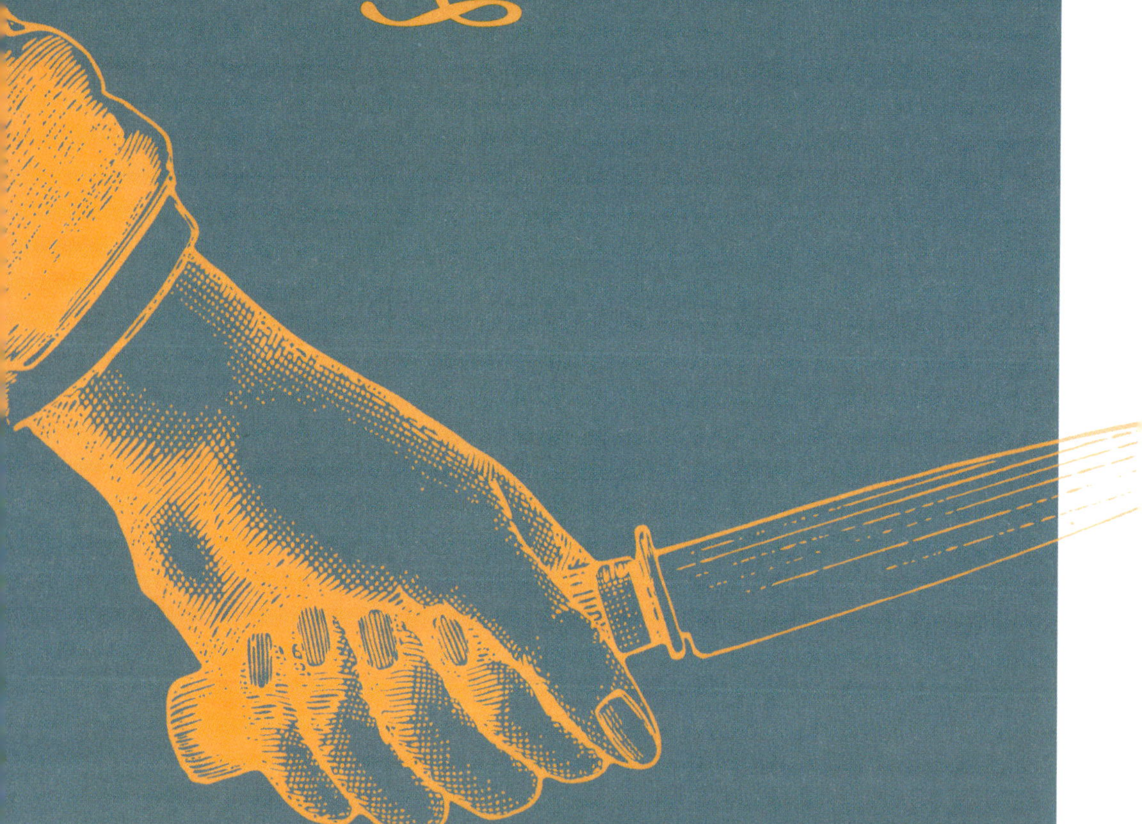

S'il est un sujet généralement traité avec beaucoup de prudence et de distance, c'est bien le cannibalisme. Le fantasme de l'anthropophagie hante pourtant souvent les esprits, y compris ceux de grands écrivains.

Montaigne y consacre un chapitre dans ses *Essais*. Jonathan Swift rédige, quant à lui, en 1729, un pamphlet satirique intitulé *Modeste proposition pour empêcher les enfants pauvres d'être à la charge de leurs parents*. Et lorsque Jorge Luis Borges est interrogé par un journaliste sur la subsistance éventuelle de cannibales dans son pays, il répond qu'il n'y en a plus: «Nous les avons tous mangés!»

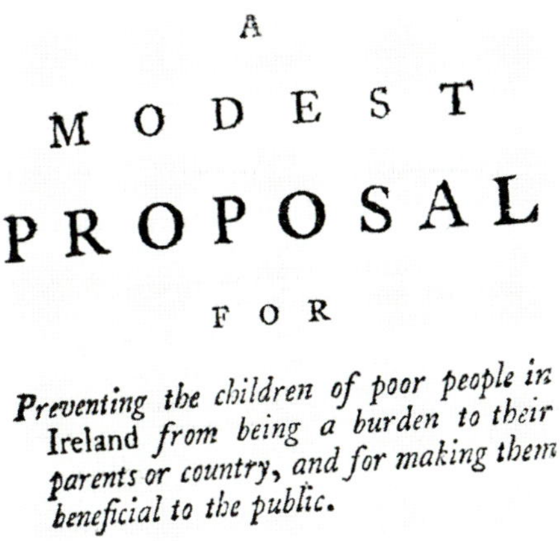
A

MODEST

PROPOSAL

FOR

Preventing the children of poor people in Ireland from being a burden to their parents or country, and for making them beneficial to the public.

▲ Extrait des *Œuvres complètes* de Jonathan Swift.

Le sujet ressurgit le plus souvent en période de disette ou de famine. Pendant le siège de Paris, par exemple, en 1870, un brave citoyen suggère de consommer les hommes âgés de plus de 60 ans pour que la ville puisse tenir plus longtemps. Cette idée inspirera un joli quatrain à Victor Hugo:

«Je lègue à Paris – non ma cendre,
Mais mon bifteck, morceau de roi.
Femmes! Si vous mangez de moi,
Vous verrez comme j'étais tendre.»

Plus récemment, en 1970, Roland Topor signe un croustillant ouvrage sur le sujet: *La Cuisine cannibale*. L'auteur, qui a obtenu le prix de l'Humour noir en 1961, se régale parmi les multiples manières d'accommoder l'humain. Pour lui, «l'homme est le meilleur aliment de l'homme», car la chair humaine est incontestablement la plus adaptée aux exigences de nos organismes.

Il pousse même la provocation jusqu'à affirmer que les sentiments personnels comptent beaucoup: «Les relations existant entre consommateur et consommé représentent une des valeurs majeures de notre éthique culinaire.»

Il invite cependant à se montrer sélectif, car tous les hommes ne sont pas mangeables, loin de là ! Certains ne méritent pas non plus une préparation très sophistiquée : le con, par exemple, « se sert avec un peu d'huile et un filet de vinaigre ».

Parmi la petite cinquantaine de recettes suggérées, citons le foie de Suisse à la poêle, les restes d'automobiliste en fricassée, les cuisses de fille jambes en l'air ou la verge sautée. À titre d'exemple, voici les premières étapes de la recette de la tête de patron dans la purée. Âmes sensibles, s'abstenir.

> TÊTE DE PATRON DANS LA PURÉE
> On rend une petite visite à son patron vers la fin de l'année, juste avant les fêtes de Noël, et on le tue comme un cochon, c'est-à-dire qu'on prend soin de le laisser saigner longtemps afin que sa chair soit bien blanche. Une fois la tête coupée sans bavure on la fait dégorger. Ensuite, on la met dans l'eau bouillante pendant une demi-heure environ. Au bout de ce temps on la retire de l'eau bouillante et on la met dans l'eau froide pour la faire rafraîchir. C'est étonnant comme la tête du patron a déjà changé à cet instant-là. Les cheveux sont devenus blancs et son œil, quoique toujours malicieux, est légèrement rêveur. Ce n'est qu'un début, continuons le débat. On enlève la mâchoire supérieure jusqu'à l'œil, on désosse le sommet de la tête, en veillant à rapprocher les chairs pour que la tête conserve sa forme. Cette opération terminée, on frotte la tête avec du shampooing, et on l'enveloppe dans un linge qu'on lie avec de la ficelle.

Finalement, comme disait l'humoriste et chansonnier Jean Rigaux, le cannibale est un homme qui aime son prochain… avec de la sauce !

Bibliographie

- *The Works of Dr. Jonathan Swift*, London, Printed for C. Bathurst and J. Hinton, 1765.
- Roland Topor, *La Cuisine cannibale*, Paris, André Balland, 1970.
- *Du bon usage du cannibalisme*, dans *Le Monde diplomatique* de novembre 2000.

Topor LA
CUISINE
CANNIB-
A LE
André Balland

La cuisinière assiégée

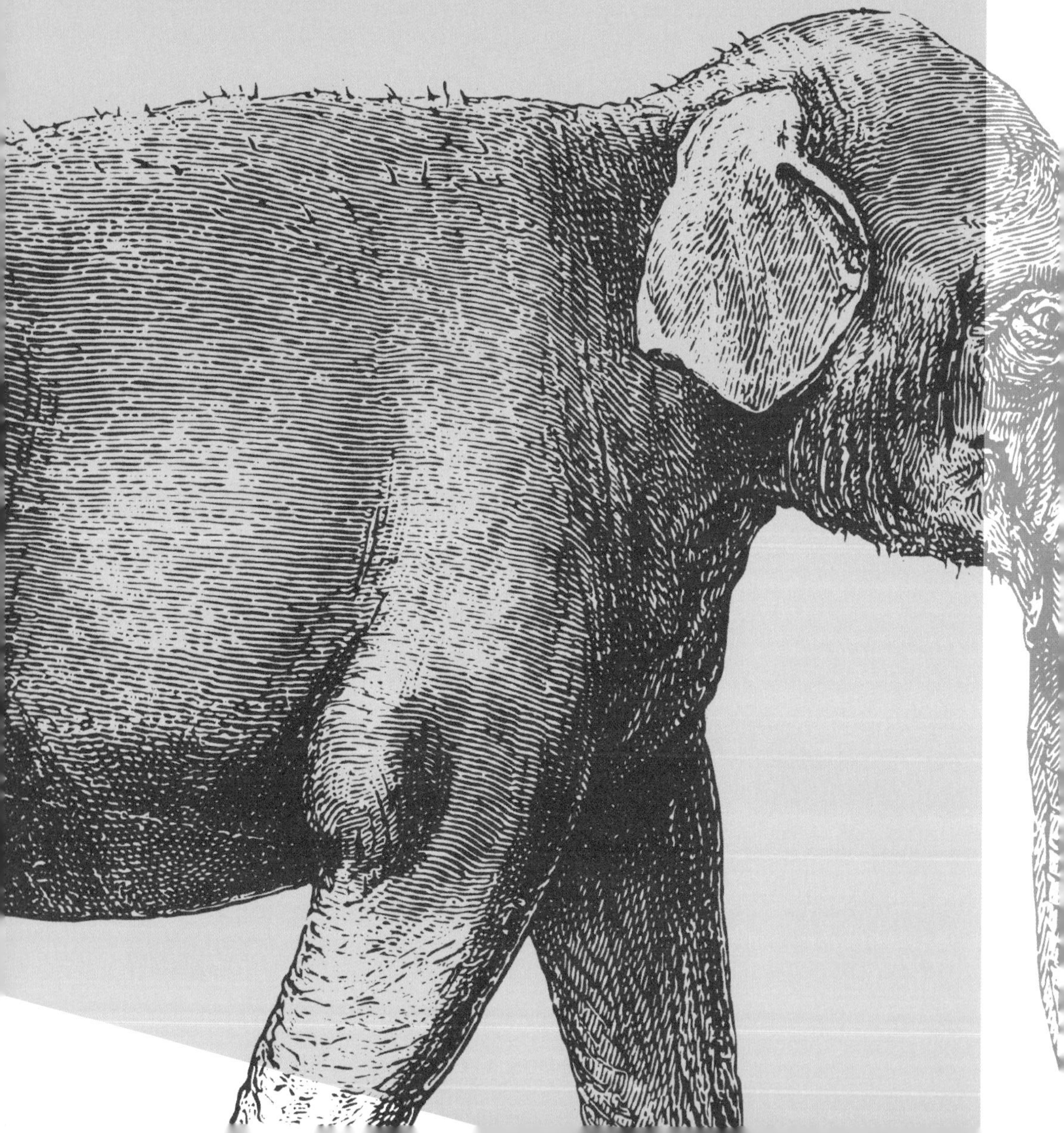

En littérature, les titres énigmatiques sont légion. Dans le domaine culinaire, ils ne courent pas les rues: *Guide culinaire, Cuisine classique, La Cuisinière bourgeoise,* etc. Voilà des titres qui annoncent bien la couleur. Un ouvrage sort sans doute du lot: *La Cuisinière assiégée*. À première vue, il est permis de se demander par qui cette pauvre cuisinière est ainsi assiégée. Mais une fois le livre replacé dans son contexte historique, son titre devient évident. Nous sommes en 1870, et Paris est assiégée par les Prussiens.

▶ Extrait de *Paris assiégé*, de Draner.

Très vite, en effet, le problème de l'approvisionnement se pose pour une population de plus de deux millions d'habitants. Non seulement les Parisiens doivent se nourrir, mais les restaurants doivent eux aussi continuer à proposer des menus raffinés à leurs clients confinés. Le système D, invention française du début du XXe siècle, est déjà à l'ordre du jour. Il faut faire avec les moyens du bord… et avec les aliments potentiels disponibles !

La Cuisinière assiégée, ou L'Art de vivre en temps de siège, rédigé par « une femme de ménage intelligente et pratique », propose les « recettes que son expérience lui a prouvé être les plus avantageuses pour tirer le parti le meilleur des mets anciens et des mets nouveaux qu'imposent à la consommation la nécessité et les souffrances de ce long siège ». L'avant-propos poursuit par cette devise éclairante : « Combattre est bien, tenir est mieux. » Elle n'hésite pas à mettre sur un pied d'égalité le « chef qui dirige une batterie de cuisine » et celui qui conduit une armée.

Suivent les recettes présentées par ordre alphabétique, depuis l'âne jusqu'à la « Soupe de rempart », en passant par les crêpes sans œufs et le « Horsesteak, vulgairement beefsteak de cheval ». L'expression « sauter du coq à l'âne » prend soudain une dimension gastronomique…

Filet de Chien aux légumes.

Prenez une des parties du chien la plus en chair, comme gigot, filet, etc. ; ôtez les os, piquez-la de graisse taillée en lardons ; faites cuire à la broche ou à la cloche, et servez dessous des légumes, comme pois conservés, pommes de terre, riz, oseille, etc. On peut arranger de même l'âne, le cheval, etc.

Dans *Choses vues* (1838), Victor Hugo écrit : « Ce n'est même plus du cheval que nous mangeons. C'est peut-être du chien ? C'est peut-être du rat ? Je commence à avoir des maux d'estomac. Nous mangeons de l'inconnu. »

Quand ils ne sont pas contraints de fermer, les restaurateurs déploient des trésors d'inventivité et d'adaptabilité pour faire face à la situation. Les plats exotiques, tels que le boudin d'éléphant servi par le restaurant Voisin, au Faubourg Saint-Honoré, fleurissent sur les cartes et les menus… après que les deux éléphants du Jardin d'acclimatation ont été sacrifiés à cet effet.

En novembre 1870, le correspondant du *Times* envoie à Londres la dépêche suivante : « Hier, dimanche, le plus grand restaurant de Paris a été bien encombré par la foule de cinq heures jusqu'à sept, et tout le monde a eu un bon dîner avec abondance de viande fraîche. Le bœuf était probablement du cheval, les entrées peut-être du chat, mais tout était excellent. »

Le restaurant Voisin et son chef Alexandre Choron se rendent d'ailleurs célèbres par leur menu de réveillon du 25 décembre 1870, 99e jour du siège :

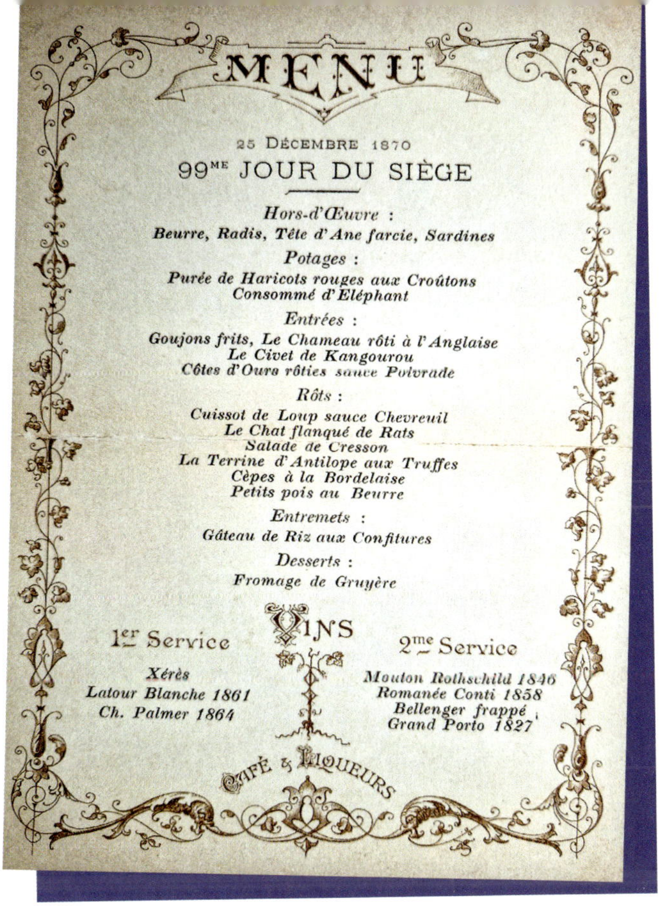

MENU

25 DÉCEMBRE 1870

99me JOUR DU SIÈGE

Hors-d'Œuvre :

Beurre, Radis, Tête d'Ane farcie, Sardines

Potages :

Purée de Haricots rouges aux Croûtons
Consommé d'Eléphant

Entrées :

Goujons frits, Le Chameau rôti à l'Anglaise
Le Civet de Kangourou
Côtes d'Ours rôties sauce Poivrade

Rôts :

Cuissot de Loup sauce Chevreuil
Le Chat flanqué de Rats
Salade de Cresson
La Terrine d'Antilope aux Truffes
Cèpes à la Bordelaise
Petits pois au Beurre

Entremets :

Gâteau de Riz aux Confitures

Desserts :

Fromage de Gruyère

VINS

1er Service

Xérès
Latour Blanche 1861
Ch. Palmer 1864

2me Service

Mouton Rothschild 1846
Romanée Conti 1858
Bellenger frappé
Grand Porto 1827

CAFÉ & LIQUEURS

Laissons à Victor Hugo le soin de conclure ce douloureux chapitre, en reprenant les termes de son poème *Lettre à une femme*, paru dans *L'Année terrible* (1872):

«Nous mangeons du cheval, du rat, de l'ours, de l'âne.
Paris est si bien pris, cerné, muré, noué,
Gardé, que notre ventre est l'arche de Noé,
Dans nos flancs toute bête, honnête ou mal famée,
Pénètre, et chien et chat, le mammon, le pygmée,
Tout entre, et la souris rencontre l'éléphant.»

Bibliographie

- *La Cuisinière assiégée, ou L'Art de vivre en temps de siège*, Paris, A. Laporte, 1871.
- Jules Joseph Georges Renard, dit Draner, *Paris assiégé – Scènes de la vie parisienne pendant le siège*, Paris, Au Bureau de l'Éclipse, s. d. [1871].
- Jean Vitaux, *Alimentation de guerre*, Paris, Perrin, 2024.
- Jean-Maurice Sacré, *Menus de légende*, Paris, Dilecta, 2019.

Biberons Robert

Quand commence la gastronomie? Je veux dire, à quel âge? Oserai-je prétendre que l'allaitement maternel peut représenter pour le bébé une forme embryonnaire de gastronomie? Il suffit d'observer un nourrisson assoupi dans les minutes qui suivent la tétée. Faut-il voir dans le large sourire angélique qu'il arbore la simple satisfaction d'être rassasié? Et pourquoi le plaisir du goût ne se mêlerait-il pas au sentiment de satiété? Selon moi, si le bébé sourit, c'est que ce petit goût d'ail qu'avait le lait maternel ce soir-là n'était pas franchement désagréable.

J'ai toujours eu en rayons un ou plusieurs ouvrages, certains même du XVIIe siècle, dédiés aux vertus de l'allaitement maternel. À la surprise de certains de mes clients d'ailleurs, pour qui la gastronomie est l'apanage de l'adulte.

Extrait du catalogue Robert, env. 1910.

N° 8. — Biberon-Robert
A la main, bouchon verre à vis.

Si, à mes yeux, l'éducation gastronomique débute avec le sein maternel, elle se poursuit incontestablement tant que l'alimentation de l'enfant se restreint au lait – qu'il provienne directement de la mère, ou par l'entremise d'un biberon. Le biberon: voilà bien un objet de gastronomie dont la forme a joliment évolué au fil des siècles depuis la corne de vache médiévale. Ce n'est pas l'entrepreneur dijonnais Édouard Robert qui me contredira. Son superbe catalogue de 1910 nous présente ses tout derniers modèles.

L'ergonomie et le confort du client ne sont pas négligés: certains spécimens ont le goulot incurvé, par exemple. L'art de bien tenir son biberon et de le manier avec aisance, c'est déjà la recherche d'un plaisir autre que le simple remplissage de l'estomac.

Chez Robert, on est particulièrement soucieux de la qualité des tétines. «Si l'on se sert d'un biberon donnant un écoulement abondant de lait, l'enfant ne tète plus, il avale goulûment.» Bref, on en fait un goinfre, et non un gourmet. Et puis le plaisir de l'allaitement, maternel ou artificiel, dépend aussi de la qualité de l'ingestion et de la digestion. Une plaque publicitaire le rappelle d'ailleurs à juste titre: le biberon Robert n'épuise pas les enfants!

Les biberons Robert n'ont pas totalement disparu. Ils sont passés à la postérité par la voie linguistique, car on y fait aujourd'hui encore allusion dans la langue argotique. Ne dit-on pas d'une femme aux formes généreuses qu'elle a de beaux roberts?

Bibliographie

- *Biberon Robert*, Paris, vers 1910.
- *Biberon Robert, le meilleur, n'épuisant pas les enfants*, Paris, Imprimerie L. Revon, vers 1900.

▲ Extrait du catalogue Robert, env. 1910.

▶ Plaque publicitaire pour les biberons Robert, env. 1900.

BIBERON
ROBERT
LE MEILLEUR
N'EPUISANT PAS LES ENFANTS
IMP. L. REVON & Cie 93 Rue OBERKAMPF . PARIS.

La diva aux fourneaux

Les Napolitains vouent une vénération sans borne à deux personnalités diamétralement opposées, que seul le statut de star réunit: le footballeur Diego Maradona et l'actrice Sophia Loren. Le «street art» s'en est emparé et les murs de la ville sont richement décorés de peintures les représentant, soit balle au pied soit spatule à la main.

La cuisine occupe en effet une place majeure (presque autant que le cinéma) dans la vie de Sophia Loren. Ne disait-elle pas, en arborant ses formes généreuses: «Tout ce que vous voyez, je le dois aux spaghettis»? Et n'a-t-elle pas ouvert un Sophia Loren Restaurant à Florence et à Milan?

De multiples photographies la montrent en train de mettre la main à la *pasta*, parfois même en robe du soir dans la cuisine d'un restaurant étoilé. Une vingtaine d'entre elles sont regroupées dans l'un des livres les plus difficiles à trouver dans sa version originale italienne: *In Cucina con Amore*, publié en 1971. Le titre en lui-même proclame déjà l'amour de la Divine pour la cuisine, une véritable passion même, qu'elle transmet dans ses recettes et qu'elle exhibe dans les superbes photographies couleur qui agrémentent l'ouvrage.

Ici, elle brandit une tranche de viande à faire pâlir une tribu de véganes; là, elle jongle avec de la pâte à pizza; là encore, elle brasse une montagne de tortellinis. Tout est démesuré dans la mise en scène de ces photographies. Mais l'actrice manifeste un tel enthousiasme et un plaisir sensuel évident à caresser les aliments. Et quelle maîtrise dans la gestuelle! C'est à peine si une mèche de cheveux lui tombe discrètement sur le front.

Vous l'aurez compris, le succès de ce livre est sans doute lié à la qualité des recettes traditionnelles réunies par l'actrice lors d'un séjour prolongé dans un grand hôtel de Genève en 1968, mais plus certainement encore aux photographies de la star. Ce n'est pas la manière dont Sophia Loren prépare la pâte à pizza qui importe, mais l'élégance et la maestria avec laquelle elle la fait tourner dans les airs. Et ce sourire radieux à faire fondre des tonnes de *gelato stracciatella*. Comme elle doit être heureuse, cette pâte à pizza! On en aurait presque envie de conquérir l'Alsace et la Loren...

L'édition française, plus banalement intitulée *La Cuisine à l'italienne*, ne comporte malheureusement qu'une maigre sélection de cinq photographies. Que se rassurent ceux qui, d'aventure, ne s'intéresseraient qu'à la cuisine: toutes les recettes sont bien là...

Bibliographie

- Sophia Loren, *In Cucina con amore*, Milano, Rizzoli Editore, 1971.
- Sophia Loren, *La Cuisine à l'italienne*, Paris, Robert Laffont, 1972.

La branlade de morue

Non, il n'y a pas de coquille dans le titre. C'est bien de branlade qu'il s'agit. Tel est en effet le nom employé par celui que l'on considère comme son créateur, Charles Durand, dans le recueil de recettes qu'il publie à Nîmes en 1830. La morue devait effectivement être branlée pendant de longues minutes dans une casserole, tandis qu'on y ajoutait de l'huile d'olive au goutte-à-goutte.

Pauvre morue ! Déjà qu'elle n'a pas la réputation d'être un poisson aussi fin que la sole ou le turbot et que l'huile de son foie a suscité grimaces et dégoût chez des dizaines de générations d'enfants. Une image si peu reluisante que son nom désigne aussi une prostituée ou une femme vulgaire. Et voilà maintenant qu'il s'agit de la branler dans une casserole. Avec amour, bien entendu, pour l'attendrir à souhait. Comme pour le risotto, que j'aime mélanger avec délicatesse pendant une petite demi-heure. Je sais qu'il apprécie mes caresses, car il se fait très onctueux au fil des douces flatteries de ma spatule.

Mais revenons à nos morues. C'est finalement sous la forme de cette branlade (ou plus couramment « brandade », du provençal *brandar*, qui signifie remuer) qu'elle est en général appréciée. C'est aussi le cas en Italie, en particulier à Venise, où l'on peut déguster la fameuse *baccalà mantecato*.

▼ Charles Durand.

Comme il arrive très souvent, le poisson porte des noms distincts en fonction de la région, de son état ou de sa préparation. Très curieusement, dans la septième édition de l'ouvrage de Charles Durand, il n'est plus question de morue, mais de merluche ! En termes culinaires, le poisson frais est le cabillaud, qui ne devient morue qu'une fois salé. Certains préfèrent également parler de « morue fraîche » plutôt que de cabillaud, le terme leur paraissant un peu trop commun.

Et, bien sûr, il y a brandade et brandade. Certains brandadiers distinguent brandade à l'ancienne, brandade traditionnelle et brandade authentique ! Il faudra qu'on m'explique les nuances… Le cuisinier Durand (voir sa recette en fin de chapitre) y mettait quant à lui de la truffe, du persil et un anchois, mais pas de pommes de terre (sauf si c'était une « mauvaise morue qui rendît son huile »). Il n'imposait pas l'ail non plus, mais ne l'excluait pas. D'aucuns y ajoutent de la crème, du parmesan ou de l'emmental, des olives, du lait bouillant, etc. Et celle, à tartiner, que l'on trouve dans de petits bocaux chez les poissonniers est un produit totalement différent, tant du point de vue de son aspect que de son goût. Bien entendu, chacun vous affirmera avec son plus bel accent méridional : « Moi, Monsieur, je fais la vraie brandade ! »

C'est comme pour la frite, en fin de compte, nul ne peut attribuer avec certitude la paternité de la recette, semble-t-il inventée par Charles Durand. La légende veut qu'au XVIIIe siècle, une jeune Nîmoise avait broyé de la morue en la mélangeant avec de l'huile d'olive. Et dans son *Almanach des gourmands* de 1805, Grimod de la Reynière mentionne la brandade de merluche des Trois Frères provençaux...

Peu me chaut en vérité. Ma brandade préférée, c'est celle que je suis en train de savourer !

P.S. À titre d'exemple, je joins les quantités recommandées par J. Laribe d'Arval dans son *Manuel du cuisinier militaire en campagne*, publié en 1940. Certes, elles sont destinées à nourrir une centaine d'hommes, mais si vous envisagez simplement un repas pour deux personnes, vous pouvez soit les respecter scrupuleusement et congeler ce qui reste, soit diviser les quantités par 50...

BRANDADE DE MORUE

Pour 100 hommes

Durée : 1 h. 15.

Morue salée	16 kg.
Pommes de terre épluchées	10 kg.
Margarine ou saindoux, ou huile de table	1 kg.
Lait	2 litres
Ail	0 kg. 100
Gros sel	0 kg. 050
Poivre	0 kg. 015
Eau	10 litres

Bibliographie

- *Le Cuisinier Durand – Cuisine du Midi et du Nord*, Nîmes, Imprimerie de P. Durand-Belle, 1830.
- Jean Laribe d'Arval, *Manuel du cuisinier militaire en campagne*, Paris, Étienne Chiron, 1940.

N.° 736 (*bis*). *Morue à la Branlade en pierres à fusil.*

Faites tremper la morue un couple de jours; dans cet intervalle changez-la d'eau quatre ou cinq fois ; quand vous voudrez la préparer, vous la ferez blanchir dans une casserole ; l'eau doit la couvrir en entier ; lorsque vous verrez qu'elle est près de bouillonner, vous y jeterez un verre d'eau fraiche, vous la retirez du feu et la couvrirez ; faites ensuite égoutter la morue ; ôtez-en les arêtes, et le bout de la tête qui est toujours mauvais, après quoi vous la mettrez dans une casserole avec un jus de citron ; vous donnerez à la casserole un mouvement de rotation ; continuez pendant qu'une autre personne versera goutte à goutte l'huile qui doit lier la morue ; quand celle-ci sera liée et épaissie, au point de s'attacher à la casserole, quoique vous continuiez à la remuer fortement, vous y verserez doucement un demi-verre de lait ou d'eau bouillante; en remuant toujours la casserole à deux mains, la morue s'en détachera d'elle-même ; vous continuerez alors d'y faire tomber de l'huile, et quand enfin elle sera bien liée et fera la crême, vous y mêlerez des tranches de truffes, du persil, un peu d'orange de sauce et un anchois, ces trois derniers objets doivent être hachés, et le tout passé deux minutes sur le feu avec de la bonne huile ; on peut ajouter un peu d'ail à cette préparation, si on ne le craint pas; il n'est pas de rigueur.

Nota.

La recette de branlade de morue de Charles Durand.

Ail truffé

« Ail, ail, ail ! » C'est par ces mots que Gustave Coquiot commence son livre, *La Terre frottée d'ail*, publié en 1925. Non, il ne s'agit pas d'un cri de douleur, mais bien au contraire d'une louange, d'une invocation, voire d'une incantation adressée à cette divinité culinaire qu'est *Allium sativum*, à propos duquel l'auteur se montre dithyrambique :

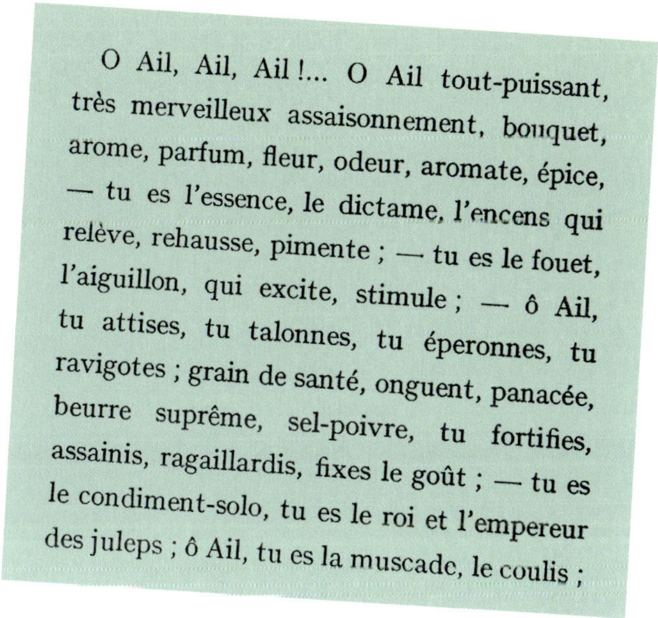

O Ail, Ail, Ail !... O Ail tout-puissant, très merveilleux assaisonnement, bouquet, arome, parfum, fleur, odeur, aromate, épice, — tu es l'essence, le dictame, l'encens qui relève, rehausse, pimente ; — tu es le fouet, l'aiguillon, qui excite, stimule ; — ô Ail, tu attises, tu talonnes, tu éperonnes, tu ravigotes ; grain de santé, onguent, panacée, beurre suprême, sel-poivre, tu fortifies, assainis, ragaillardis, fixes le goût ; — tu es le condiment-solo, tu es le roi et l'empereur des juleps ; ô Ail, tu es la muscade, le coulis ;

Le livre de Gustave Coquiot est aussi une invitation au voyage. Voyage dans l'histoire de l'ail, pour débuter. Voyage en Provence-Alpes-Côte d'Azur, d'Arles à Nice en passant par Marseille, Toulon, Saint-Tropez et Sainte-Maxime. Voyage pittoresque sur le Vieux-Port, où l'odeur de hareng et de saumure vous poursuit, dans les fumeries d'opium de Toulon, ou dans l'infini des essences florales de Nice-la-Belle. Et bien sûr, voyage culinaire avec l'inévitable recette de l'aïoli !

Cette déambulation mérite déjà en soi d'être entreprise, mais le plaisir se démultiplie à la lecture, car l'écrit est pimenté d'illustrations en noir de Raoul Dufy, qui croque à merveille les marchandes de poisson, les calanques ou les « rues chaudes » de Marseille.

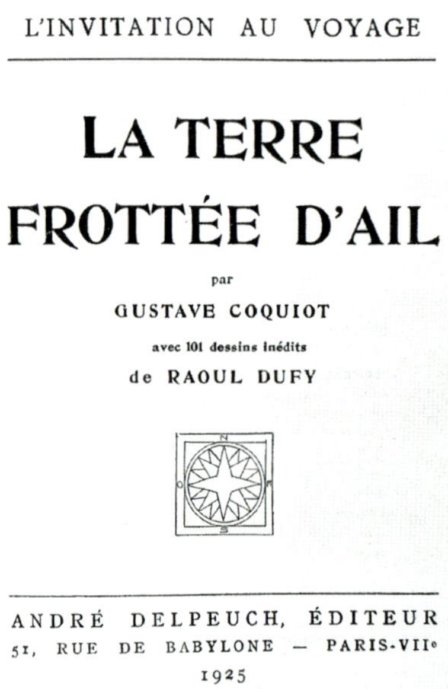
L'INVITATION AU VOYAGE

LA TERRE FROTTÉE D'AIL

par

GUSTAVE COQUIOT

avec 101 dessins inédits

de RAOUL DUFY

ANDRÉ DELPEUCH, ÉDITEUR

51, RUE DE BABYLONE — PARIS-VIIe

1925

Avec les livres anciens, un bonheur ne vient jamais seul. L'ouvrage que j'ai entre les mains n'est pas un exemplaire de l'édition courante, mais l'un des quelque 110 exemplaires édités dans un format plus grand (réimposés, comme disent les professionnels) et enrichis de nombreuses doubles planches supplémentaires de Raoul Dufy.

Mais ce n'est pas tout! Cet exemplaire n'est pas moins que celui de l'auteur, dont le nom figure en haut de la page de garde. Celui qu'il a feuilleté fébrilement, à la fois heureux et fier de tenir le résultat d'un long processus de création et anxieux d'y découvrir une faute qui aurait échappé à sa vigilance et aux relectures attentives de l'équipe d'édition.

Et comme si cela ne suffisait pas, cet exemplaire est... «truffé». Autrement dit, il contient des documents liés à l'auteur ou à la réalisation du livre. En l'occurrence, quatre grandes photographies de l'appartement de Gustave Coquiot, deux lettres de l'éditeur et une carte postale illustrée par Raoul Dufy annonçant la sortie du livre.

Un livre sur l'ail, truffé! Que demander de plus?

Bibliographie

- Gustave Coquiot, *La Terre frottée d'ail*, Paris, André Delpeuch, 1925.

▶ Planche de Raoul Dufy, extraite de *La Terre frottée d'ail*.

Cap au nord!

L’ouvrage que je suis en train de parcourir, *La Cuisine à la mer*, est la publication d’un discours prononcé en 1947 par Jean Marie, président de la Compagnie générale transatlantique, à propos de l’évolution de l’art de la table sur les embarcations de l’Antiquité, les voiliers royaux et autres navires au fil des siècles. Il y fait notamment allusion aux problèmes posés par divers facteurs naturels tels que la houle.

Ce dernier mot fait aussitôt ressurgir du fond de ma mémoire un épisode savoureux de mon service militaire, effectué dans la marine nationale française.

(Ici, comme dans un film des années 1950, l’image se floute pour indiquer qu’il s’agit d’un retour dans le passé.)

Nous sommes un beau jour de novembre 1972. Je suis à bord du dragueur de mines *Antarès*, qui sillonne le golfe de Gascogne afin d’éloigner les chalutiers espagnols de la zone de tirs expérimentaux de missiles qui se déroulent au large de Biscarosse. Nous sommes vendredi, aux alentours de 12h30 et attendons patiemment un essai de tir de missiles, de plus en plus hypothétique au vu des conditions météorologiques: vent violent et très forte houle d’ouest.

Le commandant, le lieutenant de vaisseau Noël du Payrat, a mis le bâtiment sur ce que l’on appelle une «route alimentaire»: dos à la houle et vitesse réduite plus ou moins identique à celle de la houle, ce qui évite au bâtiment d’être chahuté par les incessantes et volumineuses ondulations de l’eau.

L’officier en second étant resté à quai, cloué au lit par une mauvaise grippe (comme s’il y en avait de bonne), j’ai le privilège rare de me voir confier la direction du dragueur tandis que les officiers et les 40 hommes d’équipage prennent le repas de midi. Je suis donc seul à la passerelle en compagnie d’un matelot timonier, qui, tout comme moi, meurt de faim.

Ma mission est simple: attendre le message du centre de tir de missiles nous permettant de quitter la zone et de rentrer à La Rochelle, ce que souhaite tout le monde ardemment, car le week-end approche à grands pas.

Vers 12h30, tandis que mon ventre gargouille à qui mieux mieux, de même que celui du timonier, le message nous parvient enfin: «Bravo-Kilo appelle Victor-Papa… Les tirs de missiles sont annulés, vous avez liberté de manœuvre!»

Ma mission est simple: attendre le message du centre de tir de missiles nous permettant de quitter la zone.

N'écoutant que le plaisir de placer le navire dans la direction du retour, le souci de respecter les consignes du commandant et l'heureuse perspective de me mettre à table, je me précipite vers le transmetteur d'ordres et crie à l'intention de la salle des machines: «Cap au nord, moteur à 450 tours!» L'*Antarès* pivote donc gentiment et prend sur bâbord la houle qui, quant à elle, persiste à venir de l'ouest et à maintenir des creux de cinq à six mètres.

Je dois reconnaître que la manœuvre est un peu rude, car je manque de perdre l'équilibre et je me retiens tant bien que mal à la cloison de la passerelle pour ne pas tomber à la renverse. Mais enfin, j'ai accompli ma mission, non sans une certaine fierté.

◀ Le dragueur de mines *Antares*.

C'est alors que surgit le commandant, tel un diable hors de sa boîte, grimpant quatre à quatre l'escalier qui vient du mess des officiers. Il a l'œil hagard, un peu de sauce tomate sur la lèvre supérieure et sa serviette de table blanche à la main.

— Et bien, Wibaut, qu'est-ce que vous faites ?!

— Commandant, les tirs sont annulés, nous rentrons à La Rochelle !

— Mais, mon bon Wibaut, il fallait nous prévenir de la manœuvre ! Vous avez débarrassé toutes les tables !*

Bibliographie

▸ Jean Marie, *La Cuisine à la mer*, Paris, Imprimerie transatlantique, 1948.

* En principe, lorsque la mer est forte, on fixe sur les tables une armature métallique spéciale constituée de diverses alvéoles où les verres, les assiettes et les plats sont calés afin de ne pas glisser de la table. On s'en dispense lorsque le navire se déplace dos à la houle.

Repas d'adieu

20 ans ! 20 ans, c'est le bel âge ! En tout cas l'âge idéal pour accomplir un « grand exploit ». L'idée trotte dans la tête de Sante Geronimo Caserio depuis plusieurs mois déjà, tandis qu'il travaille comme garçon boulanger chez Viala, à Sète. Et il sait pertinemment quel type d'exploit il aimerait réaliser.

Le 24 juin 1894, alors que son landau le mène au palais du Commerce, place des Cordeliers à Lyon, le président de la République Sadi Carnot se repasse mentalement le discours qu'il doit prononcer le soir même. Cet amateur de bonne chère aime venir à Lyon. Les banquets organisés par la ville sont toujours d'excellente qualité. Lyon est riche d'une longue tradition gastronomique, qu'elle entend perpétuer.

Les menus réservés à la table présidentielle sont toujours de véritables objets d'art. Systématiquement imprimés sur de la soie, ils sont d'une beauté et d'un raffinement incomparables.

Sante Geronimo Caserio est installé dans un café, rue de la République. En cette longue soirée d'été, les rues sont noires de monde. Les badauds se pressent en espérant voir passer le président de la République, le « tyran » selon Caserio, que l'on annonce vers 21 h. Ce dernier tient son paletot étroitement serré pour éviter que le contenu de sa poche intérieure ne se devine.

▼ Menu du 24 juin 1894.

Le caneton à la Lucullus était une merveille. Le chef n'a pas lésiné sur les truffes ! Sadi Carnot s'en pourlèche encore les babines, salivant déjà au vu du homard à la parisienne qui clôt la partie salée du menu. La fonction de président de la République ne comporte décidément pas que des contraintes et des tensions, se dit-il. Elle offre également d'intenses moments de plaisir.

Brûlant d'impatience, notre boulanger lombard s'efforce de ne pas trahir son émotion. Il a le trac bien sûr, les mains moites, l'œil noir et dilaté, mais il ressent en même temps une indéfectible détermination. Il n'a jamais accepté l'exécution de Ravachol, ouvrier anarchiste guillotiné quelques mois plus tôt, ni les lois restrictives de liberté que le président souhaite faire voter.

Cette glace Walkyrie, quel délice ! Sadi Carnot n'est pas mécontent non plus de son intervention. Il ne s'agissait pas de prononcer un discours polémique digne d'un débat parlementaire ni de mentionner ses projets de loi, car le banquet s'inscrivait dans le cadre de l'inauguration de l'Exposition universelle, internationale et coloniale de Lyon. Il a certes fait allusion à la possibilité qu'il ne se représente pas aux prochaines élections, mais assez discrètement.

La discrétion, c'est aussi le maître mot de Caserio. Il sait que la réussite de son exploit en dépend. Il sait aussi qu'il vit peut-être ses derniers instants. Mais il aura au moins la conscience tranquille.

Le repas était copieux, et le président se dit qu'il pourra peut-être s'assoupir furtivement pendant la représentation d'*Andromaque*, prévue au Grand Théâtre. Son landau s'est maintenant engagé dans la rue de la République. Il est assis à l'arrière, dans le sens de la marche, et salue les Lyonnais qui l'acclament sur les trottoirs.

Caserio fend la foule, s'avance à grands pas vers le convoi présidentiel, saisit le manche de son couteau depuis l'intérieur de son paletot, le brandit et frappe un grand coup dans le foie de Sadi Carnot.

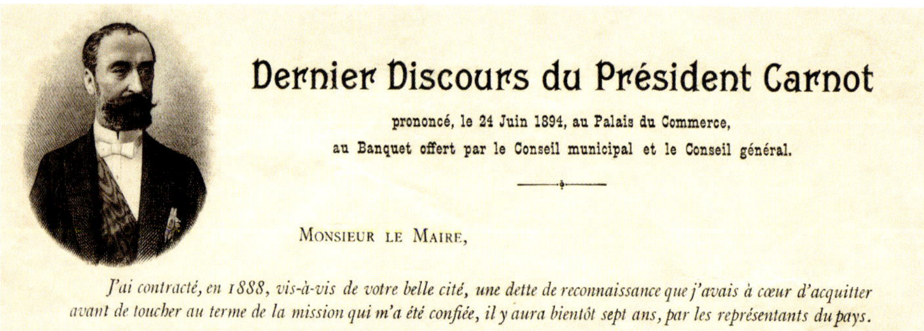

Dernier Discours du Président Carnot

prononcé, le 24 Juin 1894, au Palais du Commerce,
au Banquet offert par le Conseil municipal et le Conseil général.

MONSIEUR LE MAIRE,

J'ai contracté, en 1888, vis-à-vis de votre belle cité, une dette de reconnaissance que j'avais à cœur d'acquitter avant de toucher au terme de la mission qui m'a été confiée, il y aura bientôt sept ans, par les représentants du pays.

▲ Document joint au menu du banquet du 24 juin 1894.

«Je suis blessé!» s'exclame celui-ci.

«Vive l'anarchie!» répond Sante Geronimo Caserio, avant d'être ceinturé par les forces de l'ordre.

Le président ne survivra pas à sa blessure. Caserio sera guillotiné le 16 août. À l'âge de 20 ans.

Bibliographie

- Menu du banquet du 24 juin 1894, Lyon, Imprimerie B. Arnaud, 1894.
- *Le Petit Journal, supplément illustré*, Paris, lundi 2 juillet 1894.

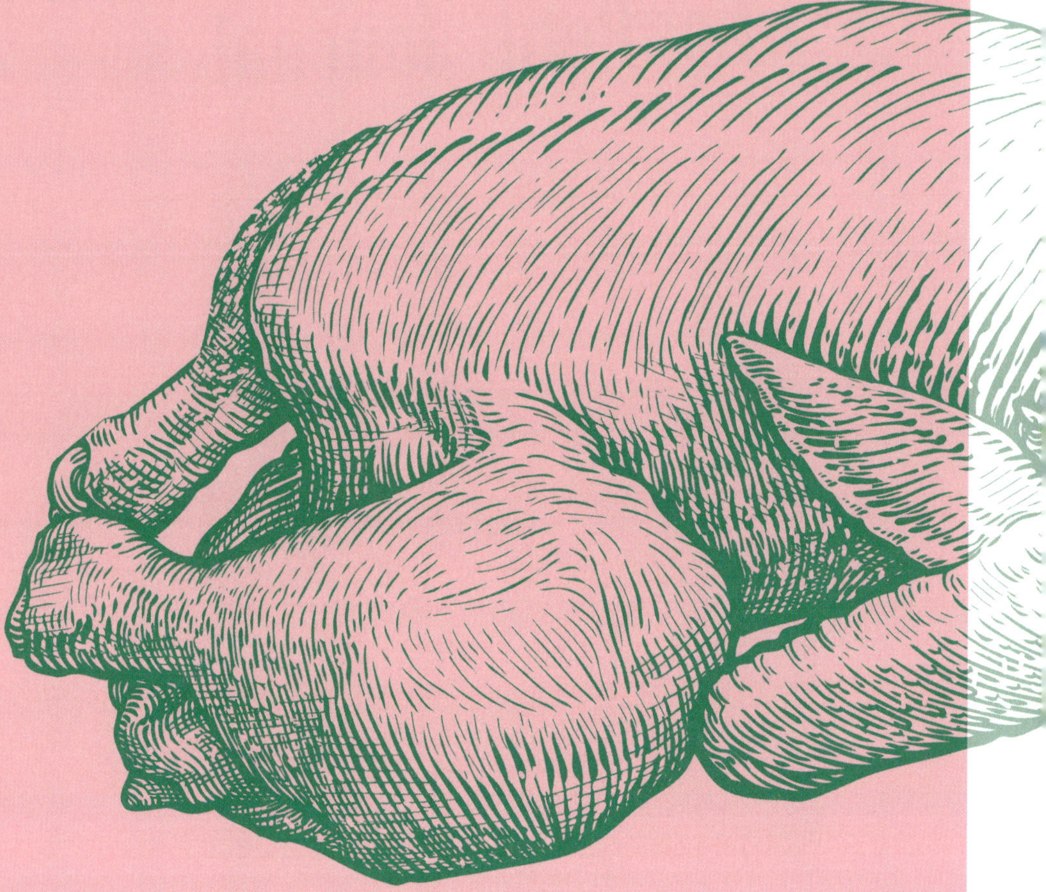

Écuyer tranchant

Écuyer tranchant! Quelle jolie fonction! On imaginerait presque un preux chevalier fendant les lignes ennemies, sabre au clair, tranchant allègrement tout ce qui entrave sa galopade triomphale. Pourtant, le terme n'a rien à voir avec la cavalerie ni un champ de bataille. Il est vrai que les affinités ne manquent pas entre les termes militaires et culinaires. Ne parle-t-on pas de brigades, de chefs et d'officiers de bouche?

Selon le *Dictionnaire de l'Académie françoise* de 1776, l'écuyer tranchant est «l'Officier qui coupe les viandes à la table des Rois & des Princes, pour les servir à ceux qui y mangent». À la cour des grands, à l'occasion de festins, il va de soi que «les rôts et les grosses pièces d'entremets figurent pompeusement dans leur entier en occupant les places principales», ainsi que l'explique Bernardi dans *L'Écuyer tranchant*, publié en 1845. Selon lui, si la cuisson est bonne, «rien n'est plus facile à découper qu'une pièce de bœuf bouillie bien dressée, un rosbif bien paré, une volaille bien bridée, un canard bien troussé».

Le festin est aussi un spectacle, non seulement de par la présence de bouffons, d'acrobates et de musiciens, mais aussi dans cette partie du repas que constitue la découpe et la dissection. Le prince ou le monarque qui reçoit tient à impressionner ses invités, certes par la qualité des mets offerts, mais également au travers d'un service et d'une mise en scène «qui en jettent».

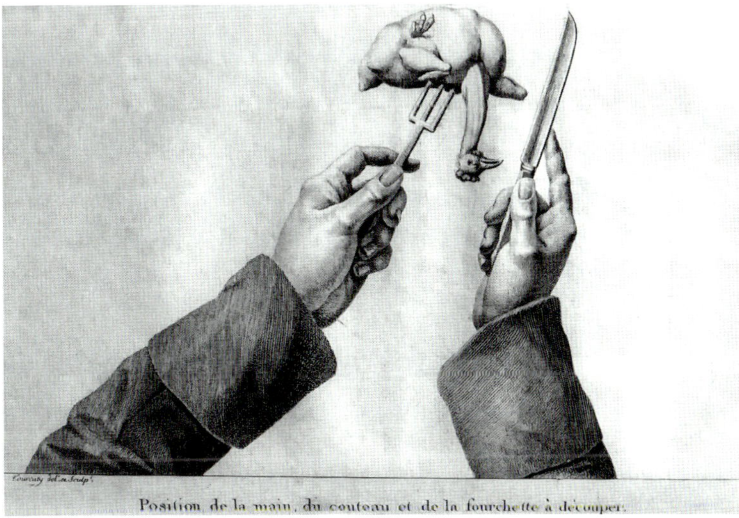

Extrait du *Manuel des amphitryons*, de Grimod de la Reynière.

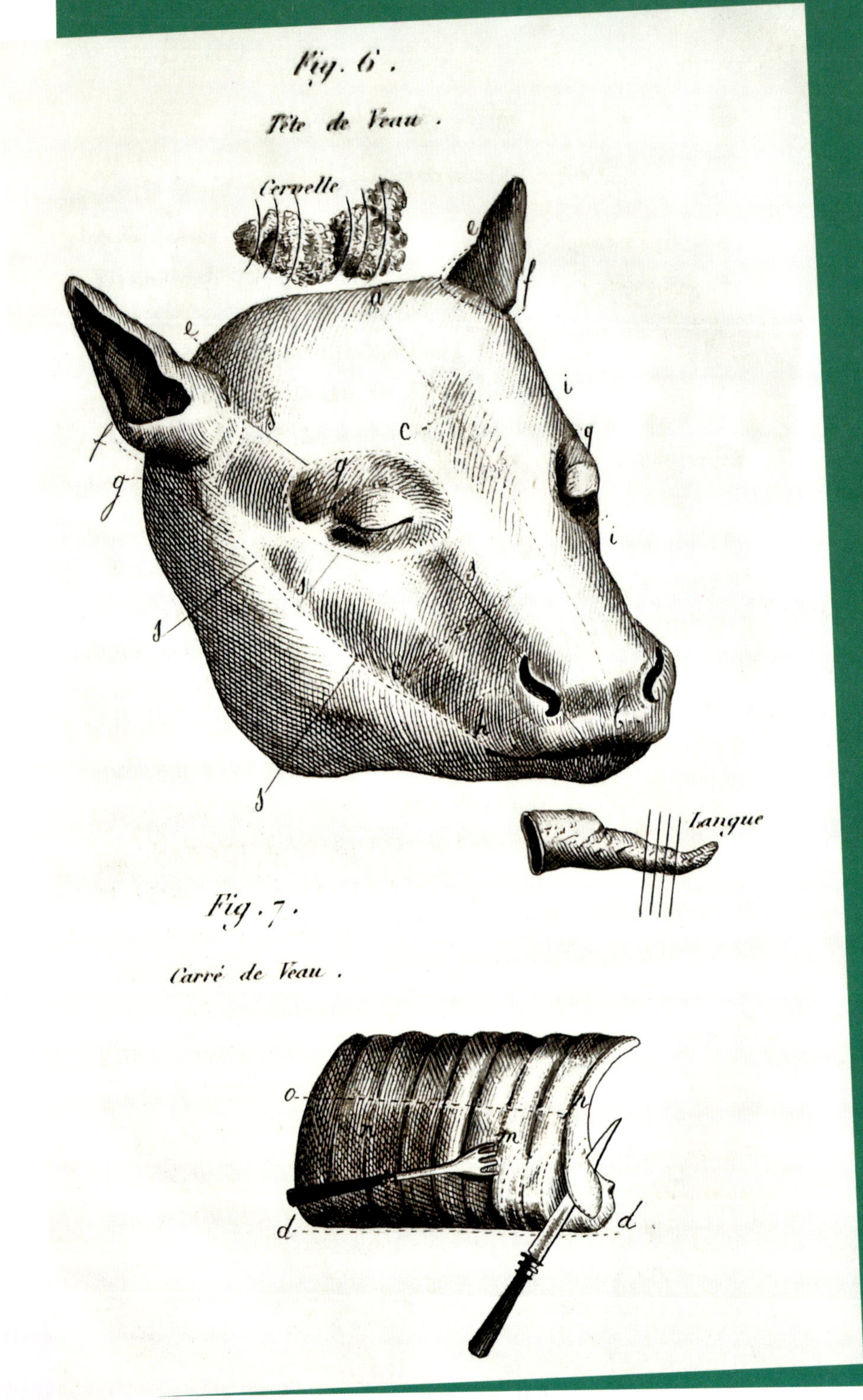

▲ Extrait de *L'Écuyer tranchant*, de Bernardi.

Le fin du fin, c'est l'art de trancher «en l'air». Le cérémonial se pratique déjà au XIVe siècle, mais c'est surtout au XVIIe, d'abord en Italie puis en France, que le «*trinciante*» transalpin devient une figure incontournable des repas princiers. Dans son ouvrage publié à l'époque, et considéré comme l'un des premiers livres du genre en français si ce n'est le premier, le Suisse Jacques Vontet affirme que «le tranchement se fait ordinairement en l'air et en la fourchette». Ce Fribourgeois arpentera l'Europe pour enseigner l'art de la découpe. Son livre se compose ainsi de 58 figures gravées, qui seront ensuite accompagnées de légendes et d'explications manuscrites au fil de son enseignement. Résultat: chacun des (très rares) exemplaires subsistants diffère des autres par la calligraphie et la formulation des consignes.

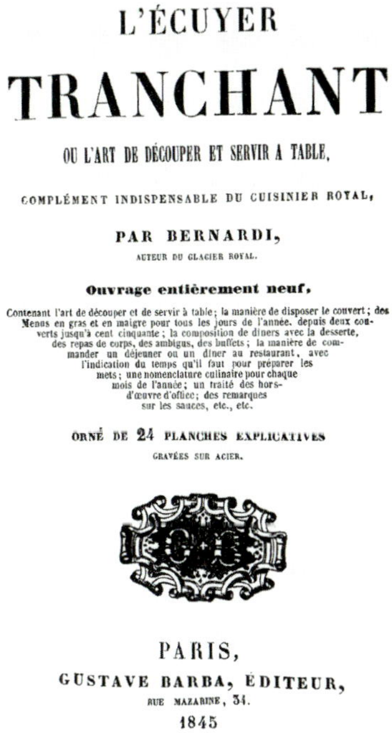
L'ÉCUYER
TRANCHANT
OU L'ART DE DÉCOUPER ET SERVIR A TABLE,
COMPLÉMENT INDISPENSABLE DU CUISINIER ROYAL,
PAR BERNARDI,
AUTEUR DU GLACIER ROYAL.
Ouvrage entièrement neuf,
Contenant l'art de découper et de servir à table; la manière de disposer le couvert; des Menus en gras et en maigre pour tous les jours de l'année, depuis deux couverts jusqu'à cent cinquante; la composition de dîners avec la desserte, des repas de corps, des ambigus, des buffets; la manière de commander un déjeuner ou un dîner au restaurant, avec l'indication du temps qu'il faut pour préparer les mets; une nomenclature culinaire pour chaque mois de l'année; un traité des hors-d'œuvre d'office; des remarques sur les sauces, etc., etc.
ORNÉ DE 24 PLANCHES EXPLICATIVES
GRAVÉES SUR ACIER.
PARIS,
GUSTAVE BARBA, ÉDITEUR,
RUE MAZARINE, 34.
1845

D'ailleurs, les premiers ouvrages culinaires ne comportent pas d'autres illustrations que des schémas de découpe de la viande ou du poisson, ainsi que des plans de table (le service à la française impliquant que tous les plats doivent être disposés sur les tables dès le début du repas avant d'être découpés).

Vous me direz «c'est bien joli, ce spectacle, mais la viande avait le temps de refroidir!» Rassurez-vous, toutes les tranches découpées étaient soigneusement disposées sur des réchauds ou des plats préalablement chauffés.

Bibliographie

- Jacques Vontet, *L'Art de trancher la viande, et toutes sortes de fruits. À la mode italienne, et nouvellement à la françoise.* [Lyon, vers 1669]
- *Dictionnaire de l'Académie françoise*, À Lyon, chez Joseph Duplain, 1776.
- Alexandre Balthazar Laurent Grimod de la Reynière, *Manuel des amphitryons*, Paris, Capelle et Renand, 1808.
- Bernardi, *L'Écuyer tranchant*, Paris, Gustave Barba, 1845.

La cuisine chinoise

— 1800, qui est écrit là, sur la première page, c'est le prix? Ce bouquin coûte 1800 balles? me demande un curieux de passage à la librairie.

— C'est son prix en effet.

— 1800 balles pour un bouquin! Mais ce n'est que du papier!

L'un des meilleurs, si ce n'est le meilleur livre de cuisine chinoise.

Cette forme d'inculture me laisse souvent perplexe. Dois-je m'indigner, me résigner ou me lancer dans une longue explication sur la place du livre dans l'humanité? Je crains fort que ce ne soit peine perdue. Un tel comportement est d'autant plus affligeant que l'ouvrage que ce visiteur tient dans les mains est une œuvre magique: *La Cuisine chinoise*, d'Henri Lecourt, publiée à Pékin en 1925, premier texte en français consacré au sujet. Son auteur précise dans la préface: «Le présent ouvrage (...) comble une lacune qui aurait parfaitement pu rester lacune et ne répond, par conséquent à aucun besoin, il n'a été fait, ni en vue d'appeler l'attention du sinologue ni en vue de viser à l'érudition, c'est une contribution à la curiosité et rien de plus.»

Le livre surprend tout d'abord par sa légèreté, alors qu'il compte quand même quelque 150 pages. On comprend mieux pourquoi une fois celui-ci ouvert: bien que constituées d'une triple épaisseur de papier pelure, ses pages sont légères comme des plumes. Lorsqu'on les feuillette, elles se couchent l'une après l'autre avec douceur, dans un mouvement suspendu, presque empreint de souplesse et de volupté. Comme si elles souhaitaient s'attarder, pour que le lecteur puisse entrapercevoir encore un mot, encore une illustration. Le livre donne l'impression de vouloir séduire le lecteur et lui témoigner la reconnaissance qu'il éprouve à être parcouru.

Preuve s'il en est qu'un livre n'est pas qu'un banal support de contenu. En plus du plaisir intellectuel qu'il procure, il peut être également source d'émotions artistiques, picturales, culturelles ou sensorielles (de nature optique, tactile, olfactive et même auditive, lorsqu'on écoute craquer légèrement les pages d'un ouvrage du XVIIe ou du XVIIIe siècle).

À cela s'ajoute que la teneur de la *Cuisine chinoise* précisément est remarquable. Le livre d'Henri Lecourt est considéré comme l'un des meilleurs, si ce n'est le meilleur livre de cuisine chinoise. En 1925, son auteur est fonctionnaire de l'État français à Pékin. Son épouse, chinoise, est comme lui, passionnée de cuisine. Elle lui suggère d'écrire un livre à partir des recettes qu'elle collecte auprès des meilleurs maîtres-queux de Pékin. La cuisine chinoise y apparaît dans toute sa richesse, que suggère d'ailleurs la superbe couverture multicolore qui orne l'ouvrage.

Le livre fournit également des indications précieuses sur les origines de l'art culinaire chinois, les produits, le service à table et tout le rituel qui accompagne les repas: «Il y a un tas de formules alambiquées pour se placer, remercier, offrir, inviter, boire, commencer et terminer.»

Les Lecourt se sont tout particulièrement intéressés au fumage des aliments, «qui n'expose pas les aliments aux fumées de bois mais d'herbes spéciales réduites en poudre et surtout de cassonade». Les recettes de tofu sont également très nombreuses.

FLEURS D'OR

Tch'ao kinn hoa ts'ai

Couper les sommités florales d'hémérocalle à fleurs jaunes, les passer à l'eau et les jeter dans quatre onces de graisse chaude en même temps qu'une once de sel. Mélanger. Ajouter une once de vin blanc. Couvrir et laisser cuire un instant. Mettre dans un bol et mélanger avec un peu de tsing tsiang et d'huile de sésame.

◀ Extrait de *La Cuisine chinoise*, d'Henri Lecourt.

Rassurez-vous, ce livre est aussi disponible à un prix nettement moins élevé. Il a été réédité à l'identique, sur papier occidental courant, en 1968 chez Robert Laffont. Il est donc possible d'éprouver le bonheur d'en découvrir le contenu, moyennant quelques centaines d'euros de pure sensualité en moins.

Bibliographie

- Henri Lecourt, *La Cuisine chinoise*, Pékin, Albert Nachbaur, 1925.

LA
CUISINE CHINOISE
東廚司命
回宮降
上天言
善
ALBERT NACHBAUR ÉDITEUR ○ 16 KAN YU HUTUNG A PÉKIN

Dodin-Bouffant

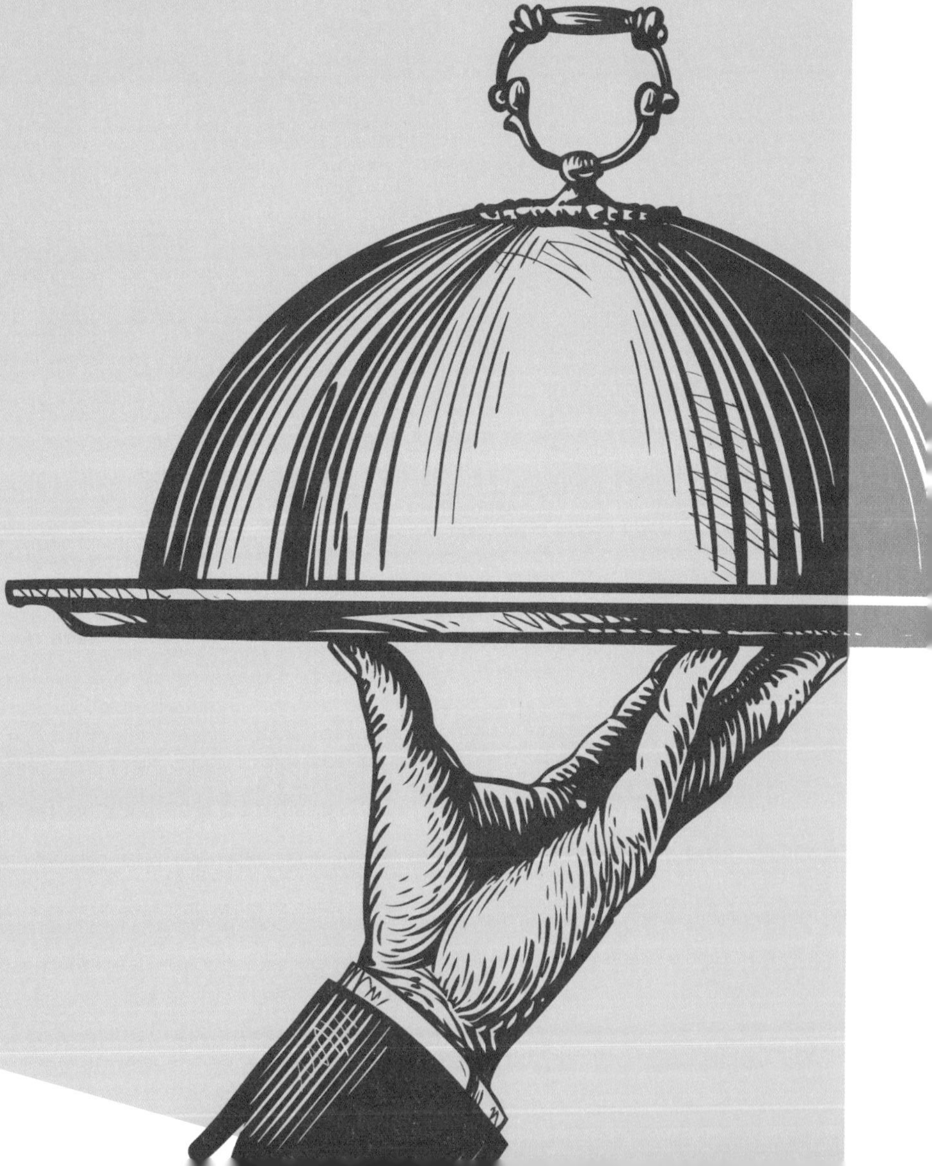

Dans le domaine de la gastronomie, les ouvrages «techniques» ou purement culinaires constituent la plus grande part du gâteau. Mais la table, la nourriture ou le vin occupent également une place très importante dans les œuvres de littérature. Il suffit pour s'en rendre compte de penser aux écrits de Rabelais, Baudelaire, Balzac ou Colette.

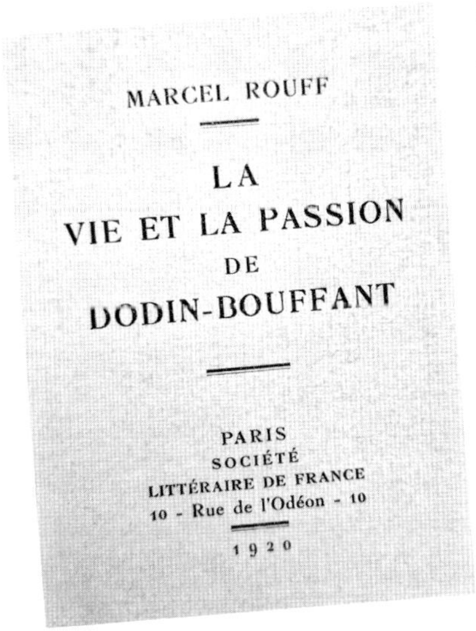
MARCEL ROUFF

LA
VIE ET LA PASSION
DE
DODIN-BOUFFANT

PARIS
SOCIÉTÉ
LITTÉRAIRE DE FRANCE
10 - Rue de l'Odéon - 10

1920

Il existe aussi des œuvres romanesques ou poétiques qui gravitent exclusivement autour de la table. L'une des plus célèbres est le savoureux roman de Marcel Rouff, *La Vie et la passion de Dodin-Bouffant*, publié en 1920. Dans sa préface justificative, l'auteur commence par évoquer les scrupules qu'il a éprouvés à écrire un roman sur ce que d'aucuns appelleraient des «frivolités gastronomiques» en pleine Première Guerre mondiale. Mais l'art gastronomique n'est-il pas lié à «l'essence supérieure de l'humanité»? Il campe ensuite brièvement son personnage: «Dodin-Bouffant est gourmet comme Claude Lorrain est peintre, comme Berlioz est musicien.»

Le récit de la vie de ce magistrat à la retraite «au fond de sa province jurassienne» débute par une catastrophe qui secoue toute la commune: sa cuisinière de génie, Eugénie Chatagne, est morte! Vous l'aurez deviné, le roman se consacre ensuite en grande partie à la recherche d'une digne successeuse, qui deviendra... mais je ne veux pas divulgâcher davantage.

L'ouvrage présente la grande originalité d'avoir fait l'objet de deux éditions originales. La première, de 1920, imprimée en petite quantité, doublera de volume en 1924! Peut-être Marcel Rouff aura-t-il jugé que le lecteur restait sur sa faim en 1920? Peut-être avait-il besoin de recul par rapport à la guerre et à ses conséquences? Peut-être, plus simplement, avait-il envie d'ajouter une suite à la vie palpitante de ce fin gourmet?

Un des points culminants du roman est le repas offert par Dodin-Bouffant à Son Altesse Royale le Prince d'Eurasie. L'annonce du menu, d'une maigreur apparente pour un banquet princier du XIXe siècle, jette tout d'abord un froid parmi les convives:

Friandises avant le potage
Potage d'Adèle Pidou
Fritures de Brillat-Savarin
Pot-au-feu Dodin-Bouffant paré de ses légumes
Purée Soubise
Desserts

Mais quand les friandises avant le potage sont apportées, la gêne commence à s'estomper. Jugez plutôt: gelées de chanterelles et d'écrevisses, petites truites confites bourrées d'estragon et d'olives hachées, saucissons frais du village de Payerne, hachis de pigeons à la crème, œufs bourrés de pâte à quenelle odorante, rôties au beurre chargées d'un dôme de foies de canard pilés, croquettes de fromage bouillant enlaçant des aiguillettes de jambon, minuscules grives froides et désossées, bardées de couches d'anchois, tonnelets de laitances, pilafs froids de thon au citron, anguilles glacées farcies de purée de crevettes, boudins frits de gibier et de chair à saucisse... j'arrête là, car, en ce qui me concerne, ces friandises m'auraient déjà largement comblé!

Quant à son pot-au-feu, il est aujourd'hui légendaire. Plusieurs grands cuisiniers le proposeront d'ailleurs ponctuellement par la suite, de Raymond Oliver à Yannick Alléno, en passant par Marc Meneau et Jean-François Piège. Dans les années 1970, il sera proposé au Fouquet's en trois services et douze plats! Excusez du peu.

Comment mieux résumer la philosophie épicurienne de Dodin-Bouffant si ce n'est par la description de la vie idéale, qu'il formule ainsi: «Des jours doux et parfumés, une abondance de délices sous le charme de repas attendrissants dont chacun [est] une allégresse nouvelle.»

Extrait de *La Vie et la passion de Dodin-Bouffant*, de Marcel Rouff, édition de 1970 illustrée par Joseph Hémard.

Le pot-au-feu de Dodin-Bouffant.

Le pot-au-feu proprement dit, légèrement frotté de salpêtre et passé au sel, était coupé en tranches et la chair en était si fine que la bouche à l'avance la devinait délicieusement brisante et friable. Le parfum qui en émanait était fait non seulement de suc de bœuf fumant comme un encens, mais de l'odeur énergique de l'estragon dont il était imprégné et de quelques cubes, peu nombreux d'ailleurs, de lard transparent, immaculé, dont il était piqué. Les tranches, assez épaisses et dont les lèvres pressentaient le velouté, s'appuyaient mollement sur un oreiller fait d'un large rond de saucisson, haché gros, où le porc était escorté de la chair plus fine du veau, d'herbes, de thym et de cerfeuil hachés. Mais cette délicate charcuterie, cuite dans le même bouillon que le bœuf, était elle-même soutenue par une ample découpade, à même les filets et les ailes, de blanc de poularde, bouillie en son jus avec un jarret de veau, frottée de menthe et de serpolet. Et pour étayer cette triple et magique superposition, on avait glissé audacieusement derrière la chair blanche de la volaille, nourrie uniquement de pain trempé de lait, le gras et robuste appui d'une confortable couche de foie d'oie frais simplement cuit au Chambertin. L'ordonnance reprenait ensuite avec la même alternance, formant des parts nettement marquées, chacune, par un enveloppement de légumes assortis cuits dans le bouillon et passés au beurre ; chaque convive devait puiser d'un coup entre la fourchette et la cuillère le quadruple enchantement qui lui était dévolu, puis le transporter sur son assiette.

Bibliographie

- Marcel Rouff, *La Vie et la passion de Dodin-Bouffant*, Paris, Société littéraire de France, 1920.

L'art de se faire inviter

En 1826, Honoré de Balzac décide de se lancer dans l'imprimerie. Grâce à l'aide de Madame de Berny et de son mari, il installe son atelier dans le VIe arrondissement, engage un typographe et une trentaine d'ouvriers, et imprime ses premiers ouvrages. D'abord des brochures et des textes de chansonniers, mais bientôt aussi une série de petits livres à la mode, à la fois informatifs et distrayants: *L'Art de payer ses dettes et de satisfaire ses créanciers sans débourser un sol*, *L'Art de fumer et de priser sans déplaire aux belles*, *L'Art de recevoir des étrennes et de ne pas en donner*, ou encore, du Baron Émile de l'Empesé, *L'Art de mettre sa cravate de toutes les manières connues et usitées, enseigné et démontré en seize leçons avec dessins à l'appui!*

Dans cette même série, il imprime également un titre savoureux signé d'un certain Chevalier de Mangenville, *L'Art de ne jamais déjeuner chez soi, et de dîner toujours chez les autres*. Autrement dit, un manuel du parfait parasite ou pique-assiette. Ce texte expose, en huit leçons, «les diverses recettes pour se faire inviter tous les jours, toute l'année, toute la vie».

L'ART
DE NE JAMAIS
DÉJEUNER CHEZ SOI,
Et de Dîner toujours
CHEZ LES AUTRES.
ENSEIGNÉ
en huit leçons.
—
PARIS.
A la Librairie universelle,
RUE VIVIENNE, N. 2 BIS.
1827.
IMPRIMÉ PAR H. BALZAC.

L'auteur qui se cache derrière le pseudonyme de Mangenville est en réalité Émile Marco de Saint-Hilaire, feuilletoniste et auteur d'ouvrages d'histoire populaire. Son propos porte à vrai dire davantage sur le talent et le juste comportement du parfait invité plutôt que sur les stratagèmes destinés à rechercher l'invitation à chaque instant. «Un convive, quel qu'il soit, doit être honnête en arrivant, poli pendant le premier service, galant au second, tendre au dessert et discret en s'en allant.»

La qualité première de l'invité consiste précisément à se montrer à la fois discret et incontournable. Il doit habituer son hôte à voir en lui un «ornement obligé du salon».

« Devenez rideau, faites-vous frange, métamorphosez-vous, si vous pouvez, en fauteuil de salon de ce propriétaire. (...) Il ne pourra plus se passer de vous. »

Voilà un bel exercice d'équilibrisme pour les dandys de l'époque: afficher son élégance et son raffinement tout en disparaissant parmi les meubles. En fin de compte, le chevalier de Mangenville ne manque pas d'ironie quant au sort des personnes suffisamment talentueuses pour se faire inviter quotidiennement, mais contraintes de «supporter, sans se plaindre, toute la sottise et tous les caprices de ceux chez qui elles dînent»... On ne peut pas tout avoir!

Bibliographie

- Émile-Marc Hilaire, dit Émile Marco de Saint-Hilaire, dit Feu M. le Chevalier de Mangenville, *L'Art de ne jamais déjeuner chez soi, et de dîner toujours chez les autres*, Paris, Librairie universelle, 1827.

«Monsieur le Chevalier de Mangenville acceptant une invitation».
Extrait de *L'Art de ne jamais déjeuner chez soi, et de dîner toujours chez les autres.*

Henry Monnier
Lith. de Bernard

Brillant Brillat

Avocat, homme politique, magistrat, gastronome, maire, écrivain. Jean Anthelme Brillat-Savarin fait partie de ces personnalités aux multiples talents, ou intelligences, pour lesquelles j'ai la plus profonde admiration. Pour être complet, j'ajouterai qu'il sera également professeur de français et premier violon de l'orchestre du théâtre de New York durant son exil aux États-Unis ! Excusez du peu !

Si ses réalisations politiques, judiciaires et musicales sont tombées dans un relatif oubli, il n'en va pas de même de ses écrits, puisqu'il a légué à l'humanité le premier véritable traité de gastronomie: *Physiologie du goût*, publié à Paris en 1826. Sa polyvalence éclate d'ailleurs au grand jour dans cet ouvrage, où il est aussi bien question de fondue et de chocolat que de l'histoire philosophique de la cuisine, de chimie alimentaire, de l'obésité, de la soif et de la gourmandise. L'ouvrage est inclassable: essentiellement scientifique par son contenu, il est aussi très littéraire par la richesse de son style et le désir de proposer un texte distrayant.

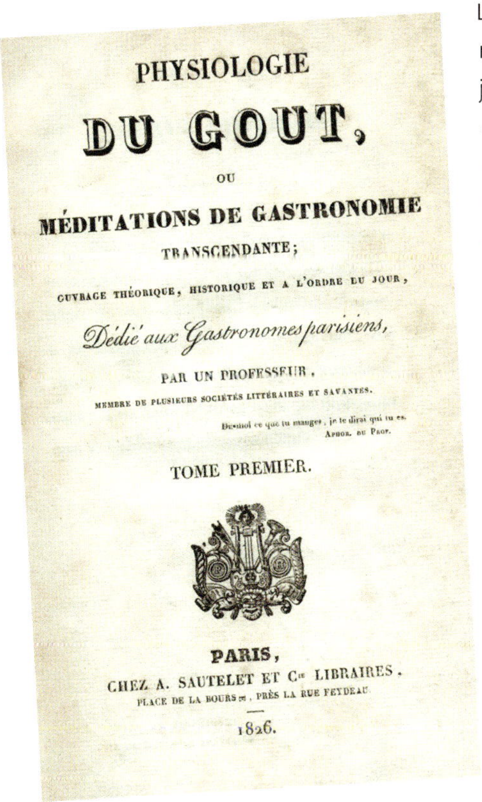
PHYSIOLOGIE

DU GOUT,

OU

MÉDITATIONS DE GASTRONOMIE

TRANSCENDANTE;

OUVRAGE THÉORIQUE, HISTORIQUE ET A L'ORDRE DU JOUR,

Dédié aux Gastronomes parisiens,

PAR UN PROFESSEUR,

MEMBRE DE PLUSIEURS SOCIÉTÉS LITTÉRAIRES ET SAVANTES.

Dis-moi ce que tu manges, je te dirai qui tu es.
APHOR. DU PROF.

TOME PREMIER.

PARIS,
CHEZ A. SAUTELET ET Cie LIBRAIRES,
PLACE DE LA BOURSE, PRÈS LA RUE FEYDEAU.

1826.

L'objectif de Brillat-Savarin est clair: «En considérant le plaisir de la table sous tous ses rapports, j'ai vu de bonne heure qu'il y avait là-dessus quelque chose de mieux à faire que des livres de cuisine.» Et c'est bien du plaisir dont il est question ici, traité avec sérieux, mais aussi humour et légèreté… même dans le chapitre consacré à la mort, où il est indiqué qu'elle «n'est pas sans charmes quand elle est naturelle».

On ne peut s'empêcher de ressentir le profond bonheur éprouvé par Brillat-Savarin à la rédaction de son livre. Il l'admet lui-même dans sa préface: «Comme on dit dans le style familier, j'ai pris mon café.» On dirait aujourd'hui, «j'ai pris mon pied», ce qui est nettement moins gastronomique.

En épicurien et fin observateur qu'il est, il truffe ses propos d'anecdotes savoureuses, vécues ou rapportées: ses œufs au jus de gigot, son turbot à la vapeur, les asperges des Chevet…

M.

Il s'intéresse à de nombreux produits et substances, dont il vante les vertus et dénonce les méfaits. Il semble avoir un faible pour le chocolat, au sujet duquel il écrira: «Heureux chocolat, qui après avoir couru le monde, à travers le sourire des femmes, trouve la mort dans un baiser savoureux et fondant de leur bouche.»

«Heureux chocolat, qui après avoir couru le monde, à travers le sourire des femmes, trouve la mort dans un baiser savoureux et fondant de leur bouche.»

On peut ne jamais avoir lu *Physiologie du goût*, mais on en connaît quelques extraits, issus des célèbres aphorismes présentés en début d'ouvrage: «Dis-moi ce que tu manges, je te dirai ce que tu es», ou encore «Un dessert sans fromage est une belle à qui il manque un œil».

Physiologie du goût est sans doute l'un des ouvrages les plus souvent réédités de la littérature française. Chaque édition se démarque notamment des autres par l'interprétation que l'illustrateur – qu'il s'appelle Bertall, Laboureur, Sylvain Sauvage, Lalauze ou Charles Huard – fait du texte, lui donnant ainsi une saveur particulière. J'avoue une petite préférence pour l'édition de Carteret de 1923, illustrée d'une soixantaine de compositions d'Henri Pille et de Maurice Leloir.

Jean Anthelme Brillat-Savarin mourra malheureusement d'une pneumonie le 2 février 1826… quelques semaines seulement après la sortie de son livre.

Bibliographie

- Jean Anthelme Brillat-Savarin, *Physiologie du goût, ou Méditations de gastronomie transcendante*, Paris, A. Sautelet et Cie, 1826.

◀ Extrait de *Physiologie du goût*, de Brillat-Savarin (édition de 1923).

Rôti à l'impératrice

Parmi les personnalités les plus marquantes du XIXe siècle dans le domaine culinaire, Alexandre Dumas occupe une place de choix. Qui d'autre que l'auteur des *Trois mousquetaires*, gros mangeur de surcroît et excellent cuisinier, pouvait en effet mieux raconter la gastronomie? Son *Grand dictionnaire de cuisine*, paru en 1873, en est la preuve: survol érudit et encyclopédique des plats et des produits préparés dans le monde entier, l'ouvrage est aussi bourré de clins d'œil.

Il écrit, par exemple: «Le carrelet est un poisson à chair très blanche, très courte, qui tient un milieu estimable entre la sole et la limande; mais qui s'efforce vainement d'atteindre la saveur de la première et la réputation de la seconde.» Ou encore: «Le cervelas de cochon a toutes les mauvaises qualités de la chair de cet animal, et la façon dont on l'apprête le rend encore plus indigeste.»

Son humour s'exprime à merveille dans une recette intitulée «Rôti à l'impératrice»: «On ôte le noyau d'une olive, on le remplace par un filet d'anchois; le fruit ainsi beurré se met dans une mauviette, laquelle à son tour entre dans une caille que renfermera une perdrix qui devra se cacher dans les flancs d'un faisan. Le faisan disparaîtra à son tour dans le sein d'une vaste dinde, dont un cochon de lait deviendra la retraite; on fera rôtir le tout, et le tout bien rôti vous offrira pour résultat la quintessence de l'art culinaire, le chef-d'œuvre de l'art gastronomique. Ne croyez pas cependant que ce mets doive servir en entier: les gourmets ne mangent que l'olive et le filet d'anchois.»

Qu'un écrivain aussi illustre s'investisse dans la rédaction d'un livre de cuisine constitue aussi l'originalité de son dictionnaire. L'ouvrage peut certes être considéré comme un recueil de recettes, mais il peut tout autant se lire comme un roman. L'article sur le homard ou le récit de sa première dégustation d'un paon rôti à Saint-Tropez, par exemple, méritent vraiment le détour. De là à rêver que Rabelais ait écrit un livre sur les vins de Chinon ou que Proust nous ait révélé la recette de la madeleine, il n'y a qu'un pas.

Qu'un écrivain aussi illustre s'investisse dans la rédaction d'un livre de cuisine constitue aussi l'originalité de son dictionnaire.

Dans son livre *Alexandre Dumas en tablier blanc*, Charles Monselet écrit: «Quand il ne faisait pas sauter un roman, il faisait sauter des petits oignons.» D'ailleurs, l'écrivain déclarera en 1861 que sa réputation culinaire pourrait un jour dépasser sa réputation littéraire. N'envisage-t-il pas alors d'ouvrir un restaurant sur les Champs-Élysées?

Une version condensée, en petit format plus pratique pour les cuisiniers, sera publiée par Alphonse Lemerre en 1882. Elle ne contient que les recettes.

D'aucuns remarqueront à juste titre qu'Alexandre Dumas est déjà passé de vie à trépas au moment de la parution de son *Grand dictionnaire de cuisine*. Il remet en effet son manuscrit à son éditeur en mars 1870, quelques mois avant sa mort. Un peu comme Brillat-Savarin, décédé deux mois après la sortie de sa *Physiologie du goût*, Alexandre Dumas n'aura pas le plaisir d'assister à la publication et au succès de son livre. Une fois passés le siège de Paris et la Commune, l'éditeur confiera le texte à deux écrivains, et non des moindres, pour lui conférer sa version finale: Leconte de Lisle et Anatole France.

Dans sa préface, Alexandre Dumas explique que la gourmandise a un augmentatif, la gloutonnerie, et un diminutif, la friandise. Le glouton exigerait la quantité; le friand, la qualité. À méditer…

Bibliographie

- Alexandre Dumas, *Le Grand dictionnaire de cuisine*, Paris, Alphonse Lemerre, 1873.
- Alexandre Dumas, *Le Petit dictionnaire de cuisine*, Paris, Alphonse Lemerre, 1882.
- Charles Monselet, *Alexandre Dumas en tablier blanc*, Éditions Adamant Media Corporation, 2001.

« Quand il ne faisait pas sauter un roman, il faisait sauter des petits oignons. »

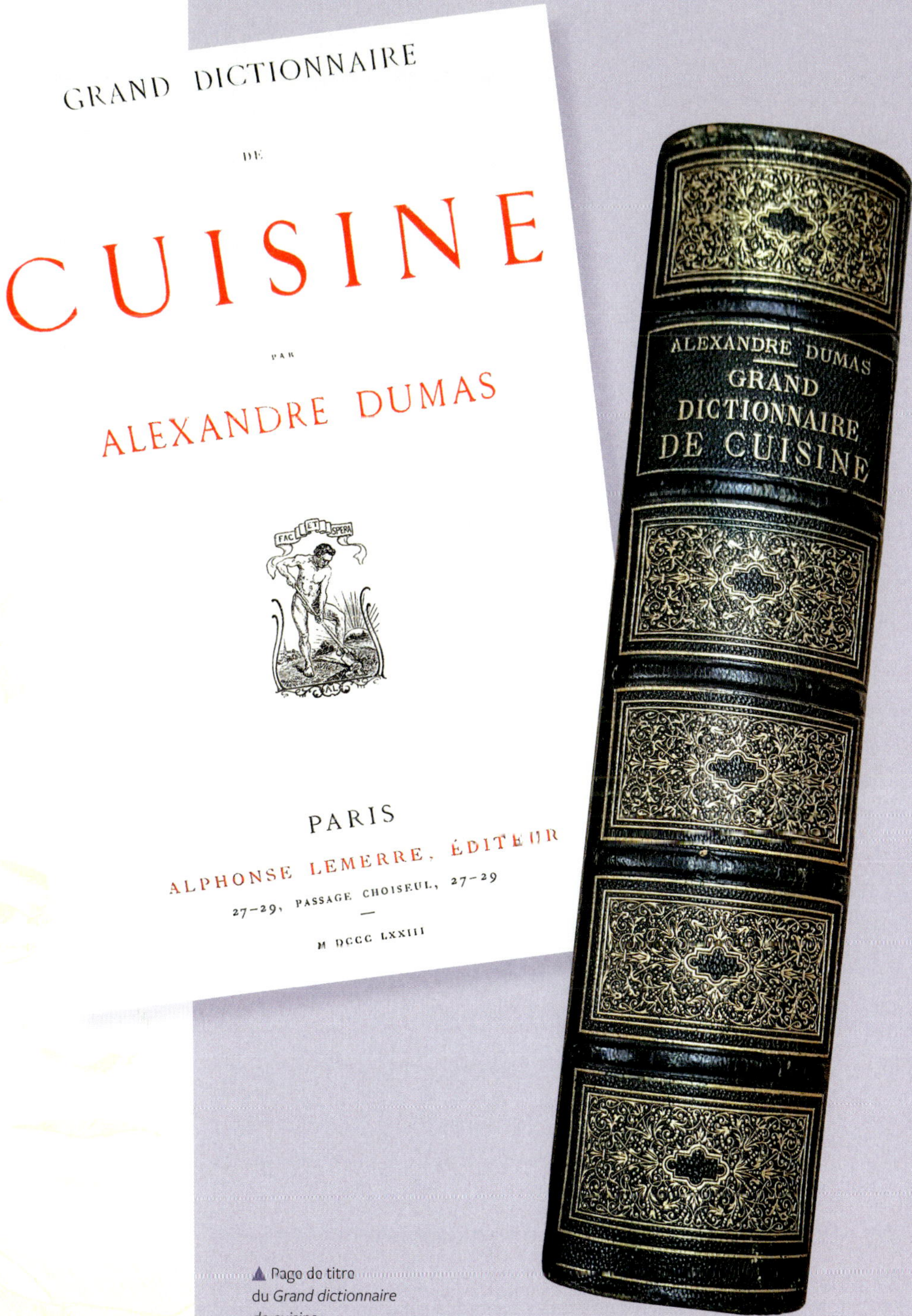

▲ Page de titre du *Grand dictionnaire de cuisine*

Souper spectacle au XVIIIe siècle

« Sacré Grimod! » ne peut s'empêcher de penser Joseph-Jean-Baptiste Albouy, dit Dazincourt, sociétaire de la Comédie-Française. Il vient de recevoir l'invitation de son ami Alexandre Balthazar Laurent Grimod de la Reynière à un souper qui se tiendra quelques jours plus tard. Certes, il en connaît les dessous, puisque Grimod lui en a confié la mise en scène, mais l'invitation, bordée de noir comme un faire-part de décès, vaut à elle seule le déplacement:

«Vous êtes prié d'assister au souper-collation de Maître A.-L.-B. Grimod de la Reynière, écuyer français au Parlement, membre de l'Académie des Arcades de Rome, associé libre du Musée des Arts de Paris et rédacteur pour la partie dramatique au *Journal de Neuchâtel*, qui se fera en son domicile, rue des Champs-Élysées, paroisse de la Madeleine de la Ville-l'Évêque, le premier jour du mois de février 1783. On fera son possible pour vous recevoir selon vos mérites et, sans se flatter encore que vous soyez pleinement satisfait, on ose vous assurer dès aujourd'hui que, du côté de l'huile et du cochon, vous n'aurez rien à désirer. On s'assemblera à neuf heures pour souper à dix. Vous êtes instamment prié de n'amener ni chiens ni valets, le service devant être fait par des servantes *ad hoc*.»

En même temps, Dazincourt est ému. Il sait que Grimod organise ce souper «mortuaire» en hommage à Mademoiselle Quinault, ancienne comédienne, sociétaire de la Comédie-Française (elle aussi), décédée quelques jours plus tôt dans l'indifférence générale. Le *Journal de Paris* ne lui a pas même consacré un entrefilet! Et pourtant, c'était un personnage haut en couleur. Ces dîners qu'elle organisait, auxquels Messieurs Voltaire et Marivaux en personne ont participé! Les «dîners du bout-du-banc», comme on les appelait, car il fallait parfois précisément se contenter d'un bout de banc tant les convives affluaient.

Dazincourt est tout aussi ému quand il se rend à la riche demeure des Grimod de la Reynière, sise avenue des Champs-Élysées, car il espère que tout se passera conformément à l'extravagance souhaitée par son ami Alexandre. Et puis, hormis son excentricité, Grimod est une personne très attachante. Il n'a que 24 ans, mais son enfance et son adolescence n'ont pas été une sinécure. Naître avec deux moignons à la place des mains, se

▲ Portrait de Grimod de la Reynière, dans l'*Almanach des gourmands*.

Des mets et produits présentés au jugement de Grimod de la Reynière. Extrait de l'*Almanach des gourmands*.

faire rejeter par sa mère en raison de cette difformité et porter en permanence des gants blancs sur les prothèses que son père a fait confectionner à son intention, voilà qui n'assure pas un départ glorieux dans la vie. C'est aussi ce qui explique son goût démesuré pour la provocation. Et il y en aura ce soir, de la provocation, durant ce souper!

Les seize convives arrivent progressivement, parmi lesquels... Madame de Nozoyl, travestie en homme! Dans une première antichambre, deux gardes en armes se contentent d'écorner leurs invitations. Ils sont ensuite admis dans une vaste pièce où un homme déguisé en chevalier armé d'une épée et d'une lance leur demande:

— Où allez-vous? Venez-vous chez M. de la Reynière, sangsue du peuple, ou chez M. de la Reynière, défenseur de la veuve et de l'orphelin?

Les invités n'ignorent pas, bien entendu, que le père est fermier général, chargé de percevoir les impôts pour le compte du roi, tandis que Grimod fils est avocat.

Après avoir ensuite patiemment attendu une heure dans un cabinet où semblait travailler un homme vêtu d'une robe noire et d'une perruque, ils sont enfin introduits dans une quatrième pièce, où deux vastes battants dissimulés derrière des tentures s'ouvrent sur une magnifique salle de festin, éclairée par 339 bougies. Dazincourt est lui-même sidéré de l'effet ainsi créé et impressionné par la procession organisée autour de la table, tandis que le long des murs tendus de noir, 200 Suisses se tiennent immobiles!

Dans chaque coin de la salle, un enfant agite un encensoir. Grimod explique que ses parents, lorsqu'ils reçoivent, chargent toujours trois ou quatre convives de les encenser et qu'il a préféré confier cette tâche à ces quatre enfants. Décidément, il n'en ratera pas une!

Le plus spectaculaire, c'est encore ce catafalque qui trône au milieu de la table. Dazincourt est ravi de l'impact produit sur les convives, mais aussi sur les personnes invitées à venir assister au festin, après le premier plat, derrière des balustrades installées autour de la table. Au total, 14 services de cinq plats sont au menu. De quoi occuper convives et spectateurs... jusqu'à quatre heures du matin!

Mais les festivités ne sont pas closes pour autant. C'est l'heure sacrée du café, que Grimod invite à déguster dans une autre salle, éclairée par 113 bougies, de taille variable, qui représentent les 113 notaires de la capitale. «Leur longueur différente vient de ce qu'ils ont plus ou moins de temps à vivre», explique Grimod de la Reynière. «Au fur et à mesure que ces bougies s'éteignent, le diable emporte leurs âmes.» Bonjour l'ambiance!

Au total, 14 services de cinq plats sont au menu. De quoi occuper convives et spectateurs... jusqu'à quatre heures du matin!

Et qu'en est-il des parents de Grimod? Il a réussi à les décourager, chacun à sa manière. Son père d'abord, avant même le repas, en lui disant qu'il a prévu de tirer un feu d'artifice; le père Grimod, qui a une véritable phobie du tonnerre, de la foudre et autres pétards, a rapidement quitté le quartier. Sa mère, ensuite, qui se permet une discrète incursion dans ce festin mystérieux dont parle tout Paris. Alexandre profite de sa brève présence pour la scandaliser en disant que le cochon servi vient d'un cousin de la famille. Imaginez: un membre de la famille Grimod de la Reynière, marchand de cochons, quelle honte! Et Madame de la Reynière de tourner les talons.

Et le coût de ce festin? 10000 livres, soit environ 30000 euros d'aujourd'hui. Bagatelle... Le plaisir de la provocation n'a pas de prix.

Bibliographie

- Gustave Desnoiresterres, *Grimod de la Reynière et son groupe*, Paris, Didier & Cie, 1877.
- Pierre Béarn, *Grimod de la Reynière*, Paris, Galimard, 1930.

Chauds les marrons!

« Coco, coco, coco frais ! Qui veut du coco ? »

Depuis le Moyen-Âge et jusqu'à la Première Guerre mondiale, les rues de Paris, mais aussi celles de Londres, Bruxelles ou Marseille, ont résonné des cris de marchands ambulants et d'autres démarcheurs « en plein vent ». Dans sa préface au livre *Paris qui crie*, publié en 1890 et divinement illustré par Pierre Vidal, Henri Béraldi mentionne que ces petits métiers sont innombrables, mais qu'ils se rangent en deux catégories bien distinctes : les « utiles » du matin et les « bachi-bouzouks » de l'après-midi.

« Rafraîchissez-vous ! Glaces et sorbets, un sou le verre ! »

La première catégorie, celle du matin, comprend les marchands « ayant pour mission de fournir des approvisionnements indispensables à la vie » : marchand des quatre-saisons, poissarde, fontainier ou vendeur de sorbets, mais aussi rémouleur, chiffonnier, marchand de ficelle ou même tondeur de chiens.

▼ Extrait de *Paris qui crie*, de Pierre Vidal.

« Marrons, marrons ! Chauds les marrons, chauds ! »

Et puis, toujours selon Henri Béraldi, il y a les cris de l'après-midi, ceux des irréguliers, des inutiles et des suspects : vendeur d'anneaux de sûreté, marchand de statues en plâtre, gratteur de ruisseau, déchargeur de bagages ou donneur de coups de main (je n'invente rien !).

« Qui n'a pas son kiki, qui n'a pas son kilo [de confettis] ? »

Ces petits métiers, parfois proches de la mendicité, ont toujours inspiré les peintres et les écrivains. Dans *Paris qui crie*, Pierre Vidal brosse à merveille les portraits de la rue parisienne. Mais avant lui, vers 1820, le portraitiste londonien Thomas Lord Busby a lui aussi délicieusement croqué les petits métiers de Paris. Ces portraits figurent notamment dans le guide touristique *A New Picture of Paris*, d'Edward Planta, publié en 1831.

Remontons encore le temps: en 1654, le poème intitulé *Paris en vers burlesques* décrit savoureusement les marchands des galeries du Palais Royal:

Mais écoutons cette Marchande.
Monſeu, j'ay de belle Holande,
Des manchettes, de beaux rabas,
De beaux colets, de fort beaux bas.
Achetez-vous quelque chemiſe,
Voici de belle marchandiſe.
Venez, Monſeu, venez à moy:
Vous aurez bon marché, ma foy.

Bien longtemps avant encore, en 1545, le dénommé Antoine Truquet publie *Les Cris de Paris*, «que l'on crie chaque jour en ladite ville». Afin de vendre des artichauts, par exemple, le marchand des quatre saisons osera proclamer:

Artichault/artichault/
Ceſt pour monſieur/ꝛ pour madame
Pour rechauffer le corps ꝛ lame/
Et pour avoir le cul plus chault

Pour ajouter au spectacle, les marchands en plein vent portent souvent des costumes qui les rendent reconnaissables à distance. Le marchand de coco, par exemple, arbore un tricorne et un tablier blanc noué autour de la taille. Un instrument de musique peut aussi permettre de se distinguer de la masse, comme la trompette du fontainier.

De nos jours, sur les marchés, on entend certes encore de-ci de-là un maraîcher haranguer les chalands ou un vendeur vanter les mérites de son mixeur révolutionnaire, mais on peut regretter la disparition des petits métiers en plein vent, comme cette marchande qui vendait du plaisir, également appelé «oublies», un petit gâteau fragile, aussi mince que croquant, qui fondait sous la langue en un quart de seconde:

«Voilà l'plaisir, Mesdames, voilà l'plaisir!»

Bibliographie

- Antoine Truquet, *Les Cris de Paris*, Paris, Baillieu, 1872 (réimpression de l'édition de 1545).
- Berthod, *La Ville de Paris en vers burlesques*, Paris, la Veuve Guillaume Loyson et Jean-Baptiste Loyson, 1654.
- Edward Planta, *A New Picture of Paris*, London, for Samuel Leigh, 1831.
- Pierre Vidal, *Paris qui crie*, Paris, imprimé pour les Amis des livres, 1890.

Extrait de *A New Picture of Paris*, d'Edward Planta.

Secrets domestiques

Savez-vous comment conduire une voiture à cheval ? Patiner en arrière ? Désinfecter l'haleine ? Préparer une matelote de lamproie ? Traiter une asphyxie par strangulation ? Aider un oiseau atteint de constipation ? Bref, avoir réponse à tout, quel que soit le problème rencontré ? Il vous suffit pour cela d'avoir sous la main *Le Livre de la maîtresse de maison et de la mère de famille*, publié à Paris en 1880. Sa lecture laisse penser que la femme de l'époque se devait d'être cuisinière, cavalière, bricoleuse, jardinière, patineuse, infirmière, musicienne, chasseresse, vétérinaire, entre mille autres expertises. Pourquoi pas trapéziste et spéléologue tant qu'on y est ?

Adolphe Bitard, son auteur, s'inscrit dans la lignée des auteurs de recueils de conseils pratiques, potions miracles et autres remèdes de grand-mère, qui entrent dans la vaste catégorie des ouvrages d'économie domestique.

Ce sont de véritables puits d'informations, publiés inlassablement depuis que le livre existe, en complément des innombrables manuscrits rédigés au sein des familles et transmis de génération en génération. Certains remèdes s'avèrent même insoupçonnables. Un petit opuscule de poche de 1520, blotti dans un coin de ma librairie, propose des solutions très faciles pour faire qu'un vin «tourne bon vin», mais aussi pour ôter la mélancolie, garder les cheveux de tomber par humidité du cerveau, guérir les gencives pourries et même désenfler les testicules!

Au XVIe siècle comme au XIXe, il n'était pas question de surfer sur YouTube pour savoir comment décoincer le tiroir aux couverts de la cuisine ou avoir toujours de l'eau fraîche en été:

Moyen d'avoir toujours de l'eau fraîche en été. — Il est des plus simples et nous ne faisons que le rappeler : entourez entièrement d'un épais torchon imbibé d'eau votre carafe pleine, et exposez-la, ainsi emmaillottée, à l'action des rayons du soleil. L'évaporation de l'eau dont le torchon est mouillé entraînera un abaissement relativement énorme de la température de l'eau de la carafe, et vous aurez ainsi de l'eau presque glacée en quelques minutes.

▲ Extrait du *Livre de la maîtresse de maison et de la mère de famille.*

Les informations de ce type se transmettaient par colportage et au travers de ces précieux manuels de vie pratique. Et lorsque les remèdes deviennent des «secrets», ils s'enveloppent de mystère, de confidentialité, voire d'exclusivité. Peu importe alors si le secret, en principe une information que son détenteur est censé tenir cachée, perd notablement de sa confidentialité à force d'être divulgué.

Un secret peut atteindre un point culminant dans l'originalité qui le caractérise, l'étonnement qu'il suscite et les vertus qu'il promet. À cet égard, l'écrivain vénitien Girolamo Ruscelli connaîtra un vif succès international avec son recueil de secrets publié en 1555 et souvent réédité par la suite (il en existe plus de 70 éditions dans plusieurs langues, publiées jusqu'à la fin du XVIe siècle). Outre des conseils classiques de cuisine, d'alchimie ou de minéralogie, il s'intéresse beaucoup à la santé et à la beauté du corps, ce qui explique aussi peut-être la large diffusion de son ouvrage.

Il propose, par exemple, un «très beau et très plaisant secret pour guérir la toux en se frottant la plante des pieds» ou un remède «pour faire cesser les larmes qui viennent aux yeux», ou encore un «secret merveilleux duquel usent les grandes dames mores par lequel elles font que leurs filles n'ont point de poil sous les bras ou autre lieu qu'ils veulent».

Un remède me fascine tout particulièrement, très original par sa fabrication et très séduisant par ses promesses: il consiste tout simplement à «dissoudre et réduire l'or en liqueur potable, laquelle conserve la jeunesse et la santé»! Avec la plume en or de mon stylo, je n'irai sans doute pas très loin...

▲ Dos des *Secrets du Seigneur Alexis Piemontois*, de Girolamo Ruscelli.

Bibliographie

- Girolamo Ruscelli, *Les Secrets du Seigneur Alexis Piemontois*, Rouen, chez François Vaultier, 1662.
- Adolphe Bitard, *Le Livre de la maîtresse de maison et de la mère de famille*, Paris, Maurice Dreyfous, 1880.

Le café du célibataire

Chimiste et pharmacien de formation, Antoine-Alexis Cadet-de-Vaux (un nom à dissuader de remplir des formulaires administratifs, quand on pense qu'on peut s'appeler Guy Lux) a laissé, au début du XIXe siècle, un grand nombre d'ouvrages et d'articles sur la salubrité publique et l'alimentation économique. Il s'est ainsi notamment intéressé au vin, au sucre de betterave, à la gélatine des os, aux rhumatismes et même aux fosses d'aisances!

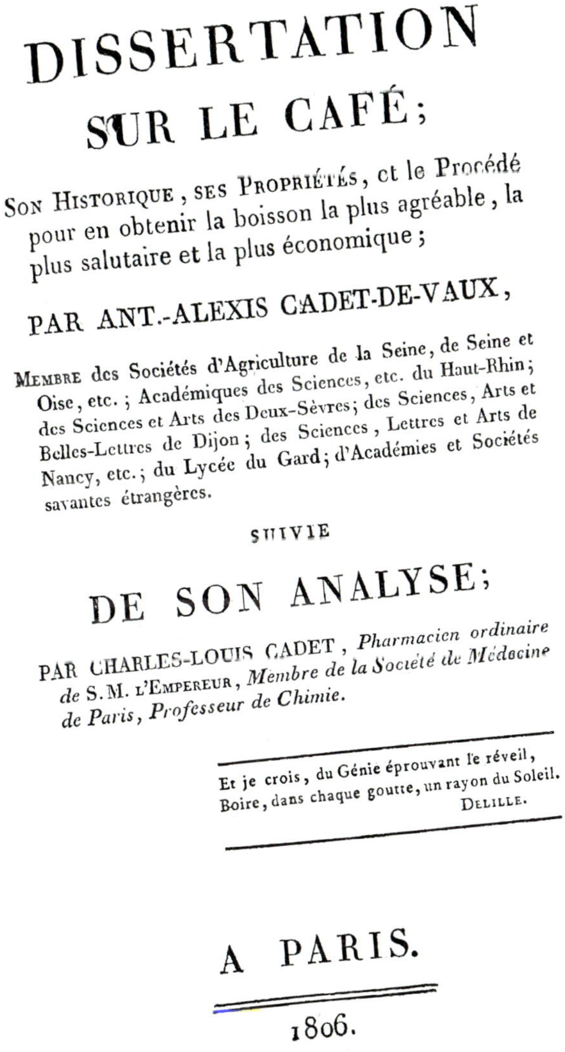

DISSERTATION

SUR LE CAFÉ;

SON HISTORIQUE, SES PROPRIÉTÉS, et le Procédé pour en obtenir la boisson la plus agréable, la plus salutaire et la plus économique;

PAR ANT.-ALEXIS CADET-DE-VAUX,

MEMBRE des Sociétés d'Agriculture de la Seine, de Seine et Oise, etc.; Académiques des Sciences, etc. du Haut-Rhin; des Sciences et Arts des Deux-Sèvres; des Sciences, Arts et Belles-Lettres de Dijon; des Sciences, Lettres et Arts de Nancy, etc.; du Lycée du Gard; d'Académies et Sociétés savantes étrangères.

SUIVIE

DE SON ANALYSE;

PAR CHARLES-LOUIS CADET, *Pharmacien ordinaire de* S.M. L'EMPEREUR, *Membre de la Société de Médecine de Paris, Professeur de Chimie.*

Et je crois, du Génie éprouvant le réveil,
Boire, dans chaque goutte, un rayon du Soleil.
DELILLE.

A PARIS.

1806.

J'ai un petit faible pour sa *Dissertation sur le café*. Il est vrai que je consomme davantage de cette boisson que d'extrait de gélatine des os. Mais l'ouvrage est intéressant à maints égards. Outre l'histoire du café, il en décrit les propriétés et les vertus: «remède héroïque, surtout comme préservatif» (au sens médical du terme, s'entend); «nulle boisson ne jouit au même degré de la propriété de fortifier, de corroborer, de faire soutenir la fatigue de l'étude, des veilles, de l'ennui. (...) Il dissipe les dégoûts, la langueur, la mélancolie, l'état vaporeux».

Cadet-de-Vaux présente aussi des conseils originaux (comme l'utilisation du «caféomètre», appareil destiné à mesurer la force du café) et des recettes de derrière les fagots: thé-levé, café au jaune d'œuf, sirop de café ou café du voyageur (contenu dans l'ancêtre en porcelaine de la thermos, inventée quelque cent ans plus tard).

Je retiendrai, à titre d'exemple, son «café du célibataire», dont on peut d'ailleurs légitimement se demander pour quelle raison un homme marié ne pourrait le consommer:

Café du Célibataire.

VOYONS les avantages qu'on peut retirer du café fait à froid, et tous les soins qu'il va éviter au célibataire, et il en existe à Paris un assez grand nombre.

Le soir en se couchant l'on peut préparer son café, et le trouver fait le lendemain à son lever.

Deux mesures de café bien foulé et deux tasses d'eau, voilà les proportions ; on passera trois ou quatre cuillerées d'eau sur le marc, pour lui enlever le café tout fait qu'il retient, et on aura ses deux tasses de café qu'il ne s'agit plus que de faire chauffer à la flamme de l'esprit-de-vin, ou à celle d'une lampe de quinquet. Nos petits appareils de porcelaine ont leur lampe à l'esprit-de-vin.

Il propose également ce qu'il appelle le «café chargé»: le voyageur peut «emporter du café fait, mais assez chargé en partie extractive, pour qu'une tasse en représente quatre: alors une pinte de ce café divisée en plusieurs flacons lui procurera 52 tasses en le coupant avec trois-quarts d'eau bouillante.» À l'époque, la durée des déplacements pouvait en effet justifier que le voyageur emporte de quoi se préparer 52 tasses!

Cadet-de-Vaux ne néglige rien. Non seulement, il tient à expliquer comment atteindre, dans la préparation du café, ce qu'il appelle le «point de perfection» (qui résulte de la qualité de la matière et du degré de chaleur de l'eau), mais il n'ignore aucune vertu potentielle de cette exquise boisson: «Nous nous permettrons même quelques détails de sensualité, pour le sexe qui cherche dans le café ce que l'homme cherche dans l'usage des liqueurs spiritueuses.»

Bibliographie

- Antoine-Alexis Cadet-de-Vaux, *Dissertation sur le café, suivie de son analyse*, par Charles-Louis Cadet de Gassicourt, Paris, bureau du Journal d'économie rurale, chez Mme Huzard, Xhrouet, 1806.

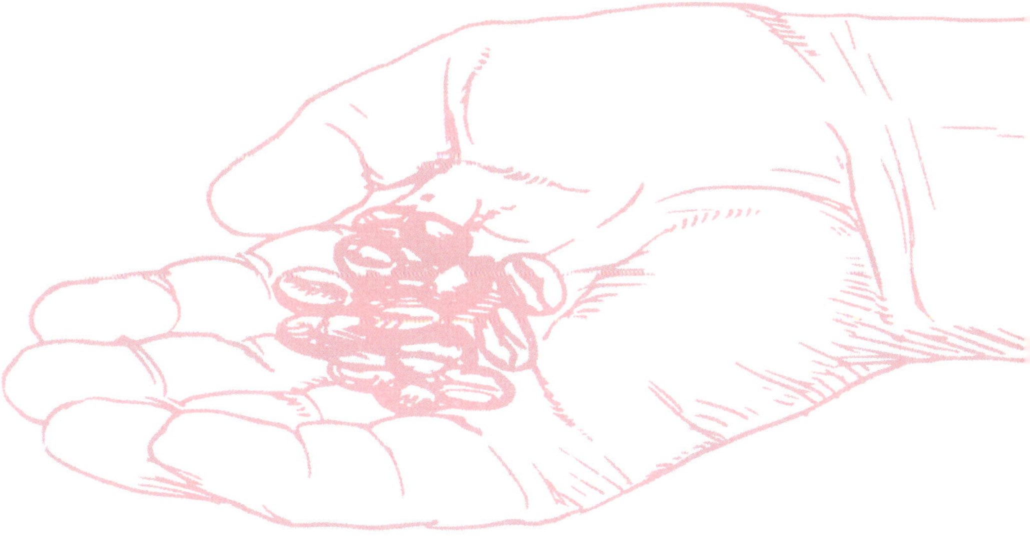

Roesti or not roesti?

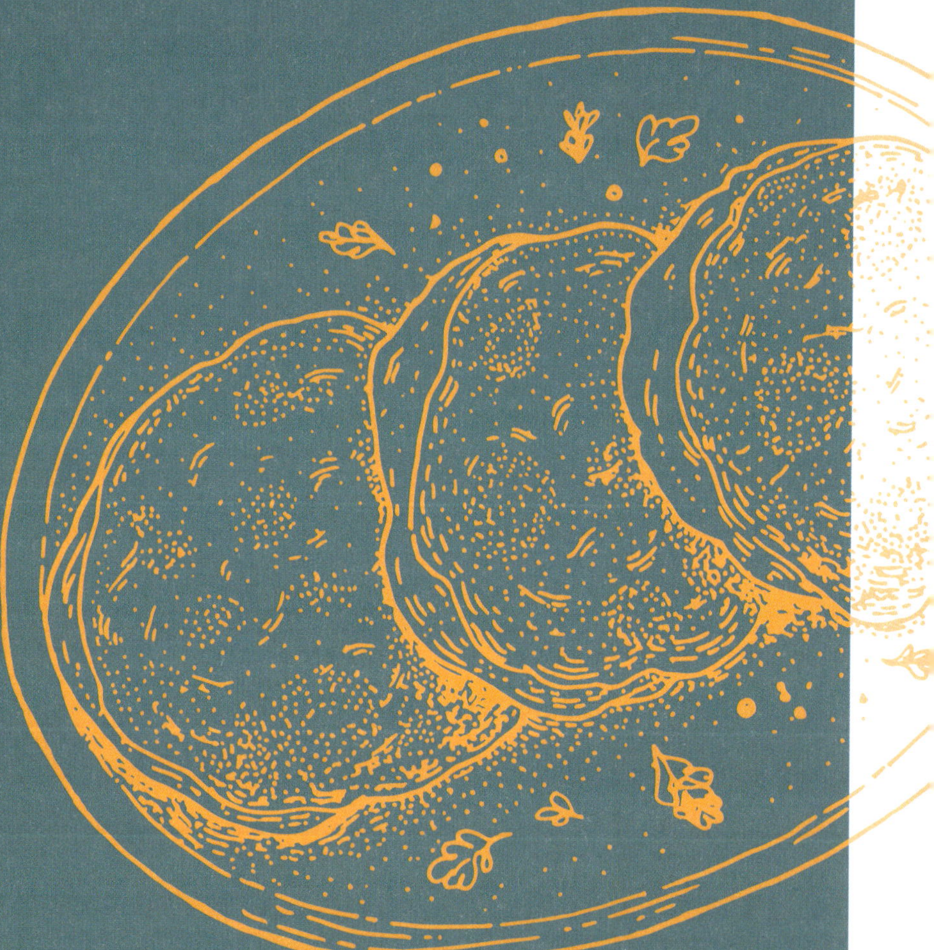

Un livre ancien, c'est une fenêtre que l'on ouvre sur un passé parfois lointain, le témoignage erratique d'une époque révolue et que ses différents possesseurs se transmettent au fil des siècles.

Celui que je tiens en mains date de 1587. Il a vu le jour plus de vingt ans avant l'assassinat d'Henri IV et deux cents ans avant la Révolution française. Il a survécu aux guerres, aux incendies et aux inondations, à la gourmandise des bestioles bibliophages, à l'excès d'ensoleillement ou à l'humidité d'une cave ou d'un grenier.

Comme toujours, je commence par le toucher, le humer, caresser son cuir patiné (en l'occurrence de la peau de truie – âmes sensibles s'abstenir), le feuilleter pour entendre craqueler son papier, qui, malgré sa relative fragilité, est encore en parfait état. Dieu sait entre quelles mains il a transité ! Imprimé à Francfort, il figura ensuite, d'après une note manuscrite, dans la bibliothèque de l'abbaye de Weingarten. Celle-ci fut confisquée sous Napoléon et attribuée à la couronne de Wurtemberg (d'où un cachet comportant une couronne royale sur la page de titre) ; l'ouvrage a ensuite appartenu à divers collectionneurs, avant d'aboutir dans ma librairie. L'auteur, un certain Marx Rumpolt, était maître-queux du prince-électeur de Hombourg.

En vérité, je m'intéresse tout particulièrement à une recette, qui figure page CXLIII, sous le n° 37 :

37. **Erdtepffel.** Schel vnd ſchneidt ſie klein/ quell ſie in Waſſer / vnnd druck ſie wol auß durch ein Härin Tuch/ hack ſie klein/ vñ rößt ſie in Speck/ der klein geſchnitten iſt/ nim̃ ein wenig Milch darvnter/ vnd laß darmit ſieden/ ſo wirt es gut vnd wolgeſchmack.

Oui, je sais, pour qui ne comprend pas l'allemand, a fortiori écrit en gothique, c'est du chinois ! En voici la traduction : « Pomme de terre. Les éplucher et les couper en petits morceaux, les faire tremper dans l'eau et les essorer dans un torchon ; hacher menu et rôtir dans du lard coupé en petits morceaux ; ajouter un peu de lait et laisser cuire pour donner bon goût. »

▲ Extrait de *Ein new Kochbuch*, de Marx Rumpolt.

Aurais-je sous les yeux la toute première recette imprimée de roesti? Mon cœur battant me dit que ça y ressemble beaucoup. La première recette de roesti! Il faut certes préciser que la recette figurait déjà dans l'édition originale du livre de Rumpolt, publiée en 1581; l'ouvrage que je détiens est un exemplaire de la deuxième édition. Si je suis bien conscient que cette révélation ne va pas bouleverser l'histoire de l'humanité, elle n'en reste pas moins émouvante.

Encore faut-il aussi que je ne me trompe pas. En effet, le doute n'est pas exclu, lorsqu'on sait que la pomme de terre n'a commencé à être consommée en France qu'à la fin du XVIIIe siècle! Pouvait-on déjà la préparer en Allemagne deux cents ans plus tôt? Un peu de recherche complémentaire s'impose. Mais je suis confiant: Internet confirmera sans doute mon hypothèse.

Chronologiquement, elle est tout à fait plausible, comme le confirment diverses études sur l'introduction des fruits et des légumes en Europe. Les premières pommes de terre auraient été envoyées en Espagne en 1534, depuis l'Amérique latine, par le conquistador Francisco Pizzaro. Avec un nom pareil, il ne pouvait que s'intéresser à la cuisine. Or, Marx Rumpolt aurait semble-t-il eu quelques contacts avec la gastronomie espagnole, car son livre comporte plusieurs recettes ibériques, comme celle, impressionnante, de la «*hollopotrida*». Il aurait même beaucoup voyagé et travaillé pour diverses cours princières européennes.

À ma grande surprise, cependant, certains historiens prétendent que le terme allemand «*Erdapfel*» pourrait désigner non pas la pomme de terre, mais la noix de terre (*Bunium bulbocastanum*)! D'autres chercheurs le contestent et affirment qu'il s'agit bien de la pomme de terre. Bref, au bout de deux ou trois heures de recherche, pendant lesquelles mon opinion a été ballottée comme une coquille de noix sur une mer démontée, j'en ai gros sur la patate. De toute évidence, la controverse perdure et Marx Rumpolt n'est plus là pour nous dire s'il a, oui ou non, utilisé des pommes de terre.

Dans pareille situation, c'est finalement à chacun de trancher et de faire son choix, même s'il est légèrement subjectif. L'essentiel, c'est d'y croire. Pour ma part, je me console en me disant que j'ai découvert un autre «röstigraben*».

Bibliographie

- Marx Rumpolt, *Ein new Kochbuch*, Frankfurt am Mayn, in Verlegung Sigmundt Feyerabendis, Peter Fischers und Heinrich Tacken, 1587.
- Daniel Lejeune, *Essai d'une chronologie générale de l'horticulture*, Bourges, 2014.

▲ Homburg en 1655.

* Le «Röstigraben», littéralement le «fossé des Rösti» est une expression d'origine suisse allemande qui désigne les différences de mentalité, de langue et de culture entre la Suisse romande francophone et la Suisse alémanique germanophone.

Prakoku

Il doit y avoir un architecte qui sommeille chez tout pâtissier. Le doute n'est plus permis quand on consulte les traités de pâtisserie du XIXe siècle. Le plus bel exemple en est le *Pâtissier pittoresque* d'Antonin Carême, qui propose «125 planches gravées au trait, dont 110 représentent une variété de modèles de pavillons, rotondes, temples, ruines, tours, belvédères, forts, cascades, fontaines, maisons de plaisances, chaumières, moulins et hermitages; précédé d'un traité des cinq Ordres d'architecture, selon Vignole; auquel on a joint des détails des ordres cariatide, poestum, égyptien, chinois et gothique; tiré du *Parallèle des monuments antiques et modernes*».

D'une hauteur parfois impressionnante, la pièce montée, dont Carême devient le spécialiste, garnira régulièrement la table du Premier Consul, de Talleyrand et de tout ministre désireux d'épater la galerie. De nos jours, elle subsiste principalement – de façon beaucoup plus sobre – en tant que point d'orgue des repas de mariage.

▼ Extrait du *Pâtissier pittoresque*, d'Antonin Carême.

Si l'architecture inspire encore les pâtissiers allemands de l'entre-deux-guerres, ils s'intéressent également à la composition chamarrée des gâteaux. Et le travail des matières en pâtisserie permet précisément de créer une infinité de formes aux coloris chatoyants. Johannes Martin Erich Weber l'a bien compris en publiant en cinq langues (allemand, anglais, français, suédois et espagnol) son *Art pratique de la pâtisserie* (en allemand, *Praktische Konditorei-Kunst*, abrégé en «Pra-Ko-Ku»).

Ce recueil contient certes des recettes de pièce montée (tel un temple en chocolat), mais aussi et surtout des modèles de gâteaux pour toutes les occasions (tarte pour les vendanges), les cérémonies (fer à cheval pour les fiancés) et les célébrations qui jalonnent l'année (fête des Mères ou Pentecôte).

À vrai dire, l'ouvrage se feuillette surtout comme un album de photographies. Amateurs de sobriété et de noir et blanc, s'abstenir ! C'est une véritable avalanche de couleurs, sucrées, suaves, acidulées, intenses, laiteuses, tendres, vives, ardentes, détonantes et même pétantes !

Et que dire de cette magnifique corbeille, entièrement réalisée en caramel.

On ne peut qu'être admiratif du travail minutieux accompli par le pâtissier, soucieux de concilier la justesse du goût et la beauté de la forme. Interrogé à propos du métier de pâtissier, Raymond Oliver disait : « La pâtisserie est véritablement une science exacte alors que la cuisine est plutôt une science d'instinct et de jugement personnel. » À méditer...

En tant que simple gastronome, friand de choux à la crème et de babas au rhum, je me contenterai de l'aphorisme de Brillat-Savarin : « Les optimistes et les gourmands vivent plus longtemps. »

Bibliographie

- Antonin Carême, *Le Pâtissier pittoresque*, Paris, J. Renouard, Tresse, Mansut et Maison, 1842 (3e édition).
- J. M. Erich Weber, *Praktische Konditorei-Kunst*, Radebeul-Dresden, Fachverlag J. M. Erich Weber, 1928

▲ Extrait de *Praktische Konditorei-Kunst*, de J. M. Erich Weber.

Soupe à la bière

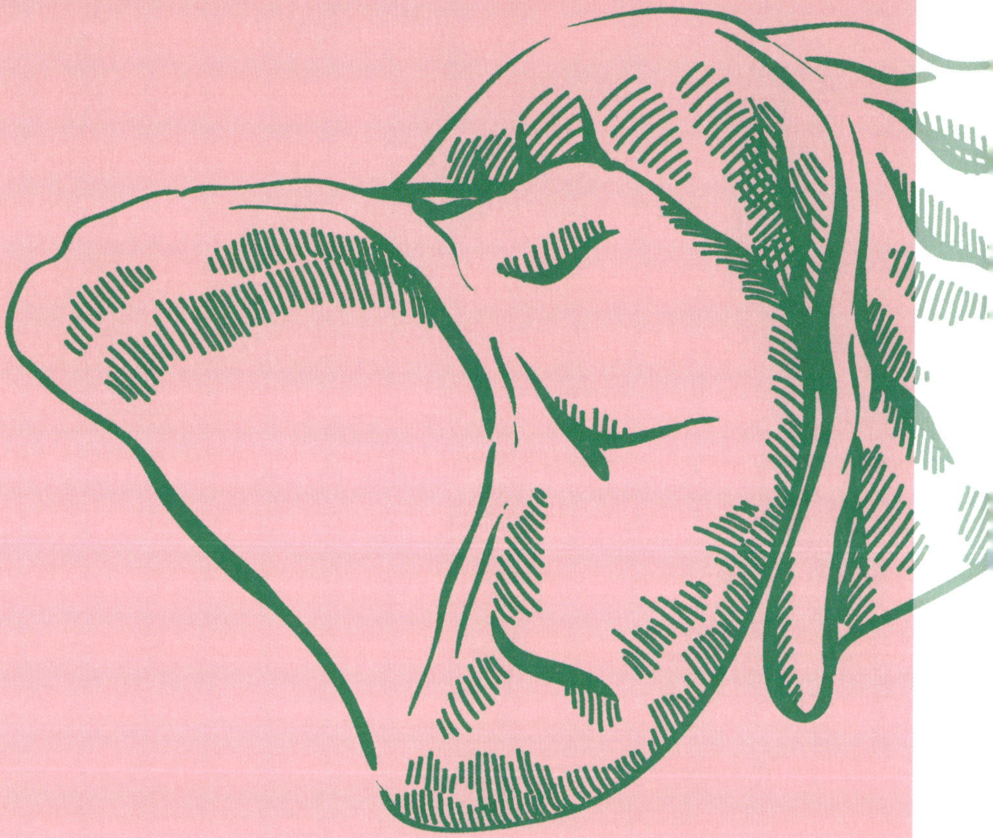

« Les femmes ont pris le café dès l'aurore;
Pour second déjeuner, elles auront encore
De la soupe à la bière, où, morceau par morceau,
Nage dans le liquide du fromage nouveau.
Les hommes ont au choix des viandes fumées:
De grasses cuisses d'oie et des langues fourrées,
Vrai régal préparé dans le vaste foyer
Aux relents du genêt et du genévrier.»

Ces quelques vers du poète polonais Adam Mickiewicz, exilé à Paris en 1832, servent d'introduction à un excellent ouvrage publié en 1952 et consacré à l'art culinaire des vastes plaines de Silésie ou de Mazovie: *La Cuisine polonaise vue des bords de la Seine*, d'Édouard de Pomiane.

Lui-même fils d'immigré polonais établi à Paris, Édouard de Pomiane suit des études de médecine avant d'entrer comme chercheur à l'Institut Pasteur, où il s'intéresse tout particulièrement à la physiologie de la digestion et à ce qu'il désignera par le terme de «gastrotechnie». Il publiera ensuite un grand nombre d'ouvrages culinaires, pour certains très recherchés, comme *Cuisine juive Ghettos modernes*, *Le Carnet d'Anna* ou *La Cuisine en dix minutes*.

Dans *La Cuisine polonaise vue des bords de la Seine*, Pomiane décrit avec beaucoup d'émotion ce que représente pour lui la gastronomie: «Chaque nation a sa cuisine et ses plats, reflets de son ciel, matière de sa terre, poésie de ses ancêtres.» Il explique aussi très judicieusement qu'en Pologne, comme dans tous les pays du monde, «il existe deux cuisines: l'une primitive, naturelle, populaire, l'autre recherchée, artificielle, créée par les relations avec des pays plus ou moins voisins, au cours des siècles de l'Histoire».

Au XVIe siècle, par exemple, la Pologne aura une reine consort d'origine italienne, Bona Sforza, qui y introduira certes des plats transalpins, mais adoptera aussi en contrepartie des préparations locales, telles que ces «petites boulettes de farce hermétiquement encloses dans une enveloppe de pâte à nouilles», qui

◀ Bona Sforza (1494-1557), reine consort de Pologne et mère de la cuisine polonaise.

seront ensuite diffusées en Italie. Vous avez deviné? Oui, les raviolis, appelés «*piérogui*» en Pologne, «*koldouny*» en Lituanie, «*varenki*» en Russie et «*piélmiénié*» en Mongolie. Apparemment, on ne lésine pas sur la quantité, comme le suggère l'épitaphe de la tombe d'un gentilhomme polonais de Lituanie citée par Pomiane:

Pour déjeuner, très tôt,
Il mangeait un gigot
Et, de pâte sertis,
Deux cents koldouny.

Une sélection de recettes variées clôt l'ouvrage, des écrevisses à la crème à la fameuse bigosse (choucroute polonaise), en passant par la soupe à la bière, déjà évoquée plus haut.

Pour ceux qui rechercheraient l'origine polonaise de l'auteur dans son nom, précisons qu'il a francisé son nom en adoptant la nationalité française. Il s'appelait Edward Pomian Pozerski.

Bibliographie

- Édouard de Pomiane, *La Cuisine Polonaise vue des bords de Seine*, Paris, Société polonaise des amis du livre, 1952.

SOUPE A LA BIÈRE

Dans une casserole porter de la bière à l'ébullition. Dès le premier bouillon, éloigner du feu. Mélanger avec de la crème épaisse, des jaunes d'œufs. Lier sur tout petit feu, en mélangeant. Saler. Poivrer légèrement. Servir chaud avec des croûtons frits au beurre. D'aucuns sucrent légèrement ce potage.

Anton goes to Sheffield

Les grands chefs sont des personnalités de plus en plus médiatisées. Ils sont invités à participer à des émissions de télévision, à publier des livres et à intervenir, cuillère à la main, dans le cadre de multiples manifestations. Les cuisiniers sont en principe dotés d'une grande générosité et acceptent le plus souvent de bon cœur de s'investir ailleurs que dans leur cuisine.

C'est incontestablement le cas d'Anton Mosimann, chef suisse qui a sillonné le monde avant de s'établir en Angleterre, plus précisément à Dorchester, puis à Londres. Il a notamment cuisiné pour les Premiers Ministres anglais, la famille royale britannique, quatre présidents des États-Unis, et créé une école et un superbe musée (Mosimann's Collection) au Bouveret, sur les bords du lac Léman. On peut y admirer une somptueuse collection de livres et de menus prestigieux. Il a consigné son autobiographie dans un livre richement illustré, *Life is a circus*.

Mais revenons à nos moutons. Nous sommes en 1985. Anton Mosimann se présente sur le seuil d'une maison ouvrière de Sheffield, où vit une famille de sept personnes, pour laquelle le chef étoilé préparera le déjeuner du lendemain. La famille Wilcock a été sélectionnée par la BBC, dont les caméras suivent le cuisinier pas à pas.

Durant la dégustation de l'incontournable tasse de thé, le chef interroge la famille sur ses habitudes alimentaires. Il brandit ensuite le billet de dix livres sterling (soit l'équivalent d'une cinquantaine d'euros d'aujourd'hui) qui lui a été alloué pour sa mission et invite la famille à faire le marché en sa compagnie le lendemain matin. Préparer un repas aussi savoureux que nutritif pour sept personnes avec un budget aussi restreint, c'est un sacré défi !

Anton Mosimann le relève magistralement. Il lui reste même 12 pence en poche à l'issue des emplettes. Au menu : fricassée de poulet, pommes de terre rôties et chou frisé ; au dessert, « *bread and butter pudding* ».

Pendant la préparation du repas, Madame Wilcock observe attentivement le moindre geste du chef par-dessus son épaule. Quand elle constate, interloquée, qu'il a cuit le chou frisé en quatre minutes, elle lui avoue qu'elle le prépare en général en quatre heures !

Quand elle constate, interloquée, qu'il a cuit le chou frisé en quatre minutes, elle lui avoue qu'elle le prépare en général en quatre heures !

Quant au pudding préparé à cette occasion, il connaîtra un succès retentissant. La BBC recevra plus de 65000 demandes de téléspectateurs désireux de recevoir la recette! Le chef dira à son sujet: «Tout ce qui est simple est beau et tout ce qui est beau est simple.» La simplicité est le maître mot quand Anton Mosimann parle de cuisine.

Anton Mosimann ne collectionne pas seulement les livres et les menus. Il arbore jour après jour des nœuds papillon aussi chatoyants qu'élégants. Il en possède plus de 300!

Bibliographie

- Anton Mosimann, *Life is a circus*, Basel, Friedrich Reinhardt Verlag, 2017.

◀ Anton Mosimann.

La recette du célèbre « bread and butter pudding » d'Anton Mosimann*

- 250 ml de lait
- 250 ml de crème double
- 1 pincée de sel
- 1 gousse de vanille
- 3 œufs
- 125 g de sucre
- 3 petits pains moelleux
- 2 cuillères à soupe de raisins secs, trempés dans de l'eau chaude et égouttés.

Porter à ébullition le lait, la crème, le sel et la gousse de vanille, puis retirer du feu. Battre les œufs et le sucre dans un bol et incorporer le mélange de lait et de crème.

Couper les petits pains en fines tranches, les beurrer d'un coté et les disposer dans un plat beurré allant au four, coté beurré vers le haut. Saupoudrer les raisins secs sur le dessus, puis passer le mélange de lait et de crème à la passoire.

Cuire au bain-marie avec suffisamment d'eau pour atteindre la moitié des côtés et cuire au four modéré préchauffé (180 °C) pendant 30 à 40 minutes ou jusqu'à ce que le dessus soit gonflé et grillé. Saupoudrer de sucre glace, si désiré, et servir.

* Traduction d'après https://editorial.victoriahealth.com/bread-and-butter-pudding.

La cuisine du bonheur

C'est dans les années 1950 que mon grand-père a acheté son premier téléviseur, un véritable meuble en haut duquel était inséré un écran petit et modeste, mais déjà magique. Mes premiers souvenirs télévisuels remontent à 1958 et au match France-Brésil de la Coupe du monde de football. J'avais 9 ans et j'en garde des images très précises dans un coin de ma mémoire.

À l'époque, il n'y avait qu'un seul programme. On le regardait ou on éteignait. On ne zappait pas, puisque ce comportement et a fortiori le mot qui le désigne n'existaient pas. Vers 22h, il fallait de toute façon éteindre, car l'écran ne diffusait plus que la traditionnelle mire ou une image zébrée qui aurait rendu quiconque épileptique en l'espace de quelques minutes. Il faudra attendre 1964 et la création de la «deuxième chaîne» pour que l'on puisse changer de programme. C'était fou, on se serait cru en Amérique!

«Catherine, passez-moi le sel!»

C'est aussi dans les années cinquante, en 1954 plus précisément, que la première émission culinaire a fait son apparition au programme: «Art et magie de la cuisine». Tournée et diffusée en direct, elle était animée par un duo mythique composé de Catherine Langeais, illustre speakerine dont le brushing effleurait le haut de l'écran, et de Raymond Oliver, chef du Grand Véfour, qu'il dirigera de 1948 à 1983. Le terme «art» était tout à fait pertinent, car le chef disait à qui voulait l'entendre: «Je ne le répéterai jamais assez, la cuisine est un art!»

En revanche, «duo» était peut-être un bien grand mot, car la carrure, la personnalité, la verve intarissable et l'accent méridional de Raymond Oliver réduisaient souvent la pauvre Catherine Langeais à l'état de figurante, même si elle se démenait pour tenter un brin d'humour ou un semblant de taquinerie. «Catherine, passez-moi le sel!» lui disait le chef de temps en temps sur un ton autoritaire.

L'émission existera jusqu'en 1967, devenant au fil des années le rendez-vous culinaire incontournable du lundi à 19h. Elle donnera naissance en 1957 à la publication d'un livre portant le titre de l'émission ainsi que d'un autre ouvrage, que Raymond Oliver écrira en 1964 avec la complicité d'Édouard Longue: *La Cuisine du bonheur,* tout un programme. Celui-ci est truffé de recettes, conseils pratiques et anecdotes sur les produits, l'outillage, mais aussi «le bonheur de manger», le «solfège de la cuisine heureuse» et «l'amour en cuisine». Le couple Oliver-Langeais, reproduit sur la jaquette du livre, incarnait en quelque sorte le bonheur conjugal, si ce n'est qu'à l'époque, c'était plutôt la femme qui était aux fourneaux, attendu d'elle qu'elle concocte de savoureux repas pour garder son époux à la maison.

L'émission, comme le livre, accordait aussi une importance notable aux équipements ménagers, qui commençaient alors à se généraliser. Les recettes proposées allaient des plus simples (crêpes) aux plus élaborées (pigeon Prince Rainier). Elles étaient exécutées avec une vélocité impressionnante, propre aux cuisiniers professionnels, et que la majorité des téléspectateurs de l'époque ont probablement découvertes à cette occasion. Raymond Oliver voyait dans cette émission l'occasion de vulgariser l'art culinaire.

À mes yeux, le chef du Grand Véfour, comme tous les cuisiniers et cuisinières de la planète, incarne le génie que l'être humain a déployé au fil des millénaires pour exploiter ce que la nature nous offre de meilleur, et le transformer en un trésor de saveurs gastronomiques. Décidément, la cuisine, c'est le bonheur !

Bibliographie

- Raymond Oliver, *Art et magie de la cuisine*, Paris, Del Duca, 1957.
- Raymond Oliver et Édouard Longue, *La Cuisine du bonheur*, Paris, Casterman, 1964.

Le couple Oliver-Langeais incarnait en quelque sorte le bonheur conjugal, si ce n'est qu'à l'époque, c'était plutôt la femme qui était aux fourneaux, attendu d'elle qu'elle concocte de savoureux repas pour garder son époux à la maison.

la cuisine du bonheur
Raymond Oliver
Édouard Longue
CASTERMAN
200 recettes et TECHNIQUES FAMILIALES
revues dans les conditions

Le top du top

Un livre ayant appartenu à une célébrité artistique, un grand écrivain ou un personnage historique ne manquera pas d'émouvoir le bibliophile, car la jouissance de l'ouvrage est en quelque sorte partagée avec la célébrité en question. Je possède, par exemple, un livre qui figurait dans la bibliothèque de la reine Marie-Antoinette au Trianon et ne peux m'empêcher d'imaginer qu'une analyse ADN révèlerait peut-être que Sa Majesté l'a tenu dans ses royales menottes. Une forme de complicité se serait instaurée entre la reine et moi!

Autre cas de figure: l'exemplaire acquis par le bibliophile comporte une dédicace de l'auteur, ce que les libraires appellent un «envoi autographe signé». L'ouvrage en retire également une plus-value, mais la signature resserre aussi les liens entre l'auteur et son lecteur ou le nouveau détenteur du livre. Une intimité s'établit en quelque sorte avec l'auteur. Le bibliophile n'y est pas indifférent. Loin s'en faut.

Mais il y a encore mieux qu'une illustre provenance ou un envoi de l'auteur. Le top du top, c'est le manuscrit original. D'une part, l'auteur de l'œuvre a forcément tenu le document entre ses mains; d'autre part, c'est également un objet unique. C'est l'œuvre à l'état pur et originel. À contenu égal avec toute autre édition, c'est la forme au travers de laquelle la présence de l'auteur est la plus palpable: papier, encre, écriture, ratures et corrections, tous concourent à cette proximité. Et puis la signature. Peut-être y aura-t-il aussi laissé le parfum de son tabac s'il était fumeur. On aura l'impression de posséder le moment où l'œuvre a été écrite.

Édouard Nignon.

Parmi les ouvrages culinaires mythiques, figure par exemple *L'Heptaméron des gourmets ou Les Délices de la cuisine française*, publié par Édouard Nignon en 1919. Gérard Oberlé, expert en ouvrages de gastronomie s'il en est, le considère comme «la plus prestigieuse publication gastronomique du XXe siècle». Son auteur a été chef de cuisine à Vienne, à Londres et à Moscou, avant de reprendre le restaurant Larue, à Paris.

L'*Heptaméron* consiste en un voyage de sept jours au Pays de cocagne, chaque journée se composant d'un déjeuner et d'un dîner, riches en mets parmi les plus savoureux de l'art culinaire, dont Édouard Nignon fait l'éloge dans sa préface: «Tandis que la peinture, la musique, la sculpture et l'architecture n'affectent physiquement que l'un de nos sens, la Cuisine a l'ambition d'en exalter le faisceau en une magique symphonie.»

L'originalité de l'ouvrage réside notamment dans l'introduction de chacune de ces journées, rédigée par un écrivain de renom à l'aube du XXe siècle: Lucien Descaves, Henri de Régnier ou Guillaume Apollinaire pour ne citer qu'eux.

À titre anecdotique, la quatrième journée du voyage propose, entre autres, au déjeuner, des savarines de foie gras, un civet de lièvre à la royale et une poularde des Tonneliers, et, au dîner, des boudins de lapereau aux pistaches, un homard Thermidor et un pouding soufflé cerisette. Son introduction a été écrite par Guillaume Apollinaire, et, cerise sur le gâteau, j'ai la chance et le privilège (c'est là que je voulais en venir) d'en posséder le manuscrit original.

Guillaume Apollinaire

Lire sur un menu «tourte d'anguille chaude aux laitances», voilà qui fait déjà saliver en abondance, mais calligraphié par la plume d'un très grand poète, le nom de ce plat prend un relief supplémentaire et s'avère encore plus sialogène.

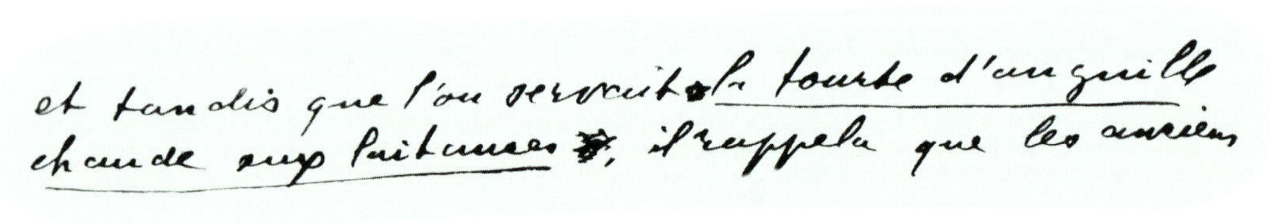
et tandis que l'on servait la tourte d'anguille chaude aux laitances *, il rappela que les anciens

Bibliographie

- Édouard Nignon, *L'Heptaméron des gourmets ou Les Délices de la cuisine française*, Paris, Imprimerie de G. de Malherbe et Cie, 1919.

ÉDOUARD NIGNON

L'HEPTAMÉRON DES GOURMETS

OU

Les Délices de la Cuisine Française

AVEC DES

AVANT-PROPOS

DE

MM. LUCIEN DESCAVES, de l'Académie Goncourt,
HENRI DE RÉGNIER, de l'Académie Française,
LAURENT TAILHADE, GUILLAUME APOLLINAIRE,
ANDRÉ MARY,
FERNAND FLEURET & ÉMILE GODEFROY.

DESSINS

DE

O. D. V. GUILLONNET et HENRI VARENNE.
Gravés sur bois par JARAUD.

A PARIS

L'AN M.CMXIX.

La folie des grandeurs

Selon le *Robert*, l'expression «mettre les petits plats dans les grands» signifie «se mettre en frais en l'honneur de quelqu'un». La notion de frais varie bien sûr sensiblement d'un contexte à l'autre, mais l'expression prend déjà tout son sens si l'on sert des huîtres au réveillon de Noël ou un gigot d'agneau à Pâques.

Lorsqu'en 1970, Mohammad Reza Pahlavi, schah d'Iran, décide de mettre les petits plats dans les grands à l'occasion de la commémoration du 2500e anniversaire de la fondation de l'Empire perse, les frais en question prennent des dimensions stratosphériques. À vrai dire, le projet est en discussion depuis 1960, mais le coût exorbitant des célébrations (jusqu'à 300 millions de dollars selon certaines estimations) a entraîné leur report pendant une dizaine d'années. Elles auront finalement lieu du 12 au 16 octobre 1971.

Les festivités doivent impérativement se dérouler à l'endroit même où Darius Ier entreprit d'édifier la capitale de son empire, c'est-à-dire à Persépolis. Seul problème: la ville est située en plein désert, à quelque 900 km au sud de Téhéran, et la liaison n'est guère aisée. Qu'à cela ne tienne, décide le schah. Il ordonne aussitôt la construction d'une route permettant d'acheminer les invités jusqu'à la monumentale cité historique.

▼ Vue de la cité de tentes à Persepolis en octobre 1971, à l'occasion des célébrations du 2500e anniversaire de l'Empire perse.

Il s'agit ensuite d'établir un «campement» de luxe au milieu des vestiges colossaux de la capitale perse. Le schah a en effet invité pour l'occasion les monarques, princes, souverains et autres chefs d'État de la planète, et bien qu'il soit trop tard pour construire des hôtels, il est exclu de les loger à la bonne franquette. Des tentes individuelles, composées d'une salle de séjour, de deux chambres et d'appartements pour les domestiques sont donc installées au pied des vénérables ruines.

Le camp paraissant un peu tristounet, il est décidé en haut lieu de l'égayer par l'introduction de 50 000 oiseaux importés d'Europe. Les températures locales auront hélas rapidement raison des pauvres volatiles, qui périront tous dans les trois jours.

Au banquet du 14 octobre, préparé par l'équipe du Maxim's au grand complet, les convives de haut rang sont finalement au nombre de 60: de l'empereur Haïlé Sélassié Ier d'Éthiopie à la princesse Grace de Monaco, en passant par le roi Baudouin et la reine Fabiola de Belgique, le prince Philippe d'Édimbourg et le chancelier d'Allemagne Willy Brandt. Pour l'occasion, une table de forme serpentine de 70 mètres de long est spécialement réalisée. D'une seule pièce!

Quant aux 18 tonnes de nourriture, elles sont acheminées par avion depuis Paris, y compris persil et ciboulette. Seul le caviar sera local, quand même! Les 60 menus de la table principale sont de véritables objets d'art: coffret-miroir en papier mâché laqué richement orné, contenant le livret du menu, imprimé en persan et en français sur triple papier chiffon rose orné de motifs dorés, dos doré retenu par un cordon de soie rose.

Les 600 autres convives ont également droit à un très joli menu, certes moins luxueux, mais tout aussi recherché des collectionneurs: reliure en soie et cuir bleu ornée au centre des armes de la Maison Pahlavi, texte imprimé sur parchemin en persan et en français et orné de motifs dorés, cordon de soie bleu ciel.

Quant aux 18 tonnes de nourriture, elles sont acheminées par avion depuis Paris, y compris persil et ciboulette.

Le repas lui-même est à la hauteur de l'événement: œufs de cailles aux perles de Bandar Pahlavi, mousse de queues d'écrevisses sauce Nantua, selle d'agneau des grands plateaux, farcie et rôtie dans son jus, sorbet au vieux champagne Moët 1911, paon à l'impériale paré et entouré de sa cour, salade composée selon Alexandre Dumas, turban de figues garni de framboises au porto, café mokka, cognac Prince Eugène. Il aura fallu sacrifier une cinquantaine de paons pour nourrir les convives de Persépolis!

Une telle bacchanale dans un pays encore en proie à la pauvreté exaspèrera les opposants islamiques, qui parleront de «célébration du diable», et ne sera pas étrangère à la chute du régime à la fin de la décennie...

▲ Menu réservé aux invités de marque.

▶ Menu destiné aux invités de second rang.

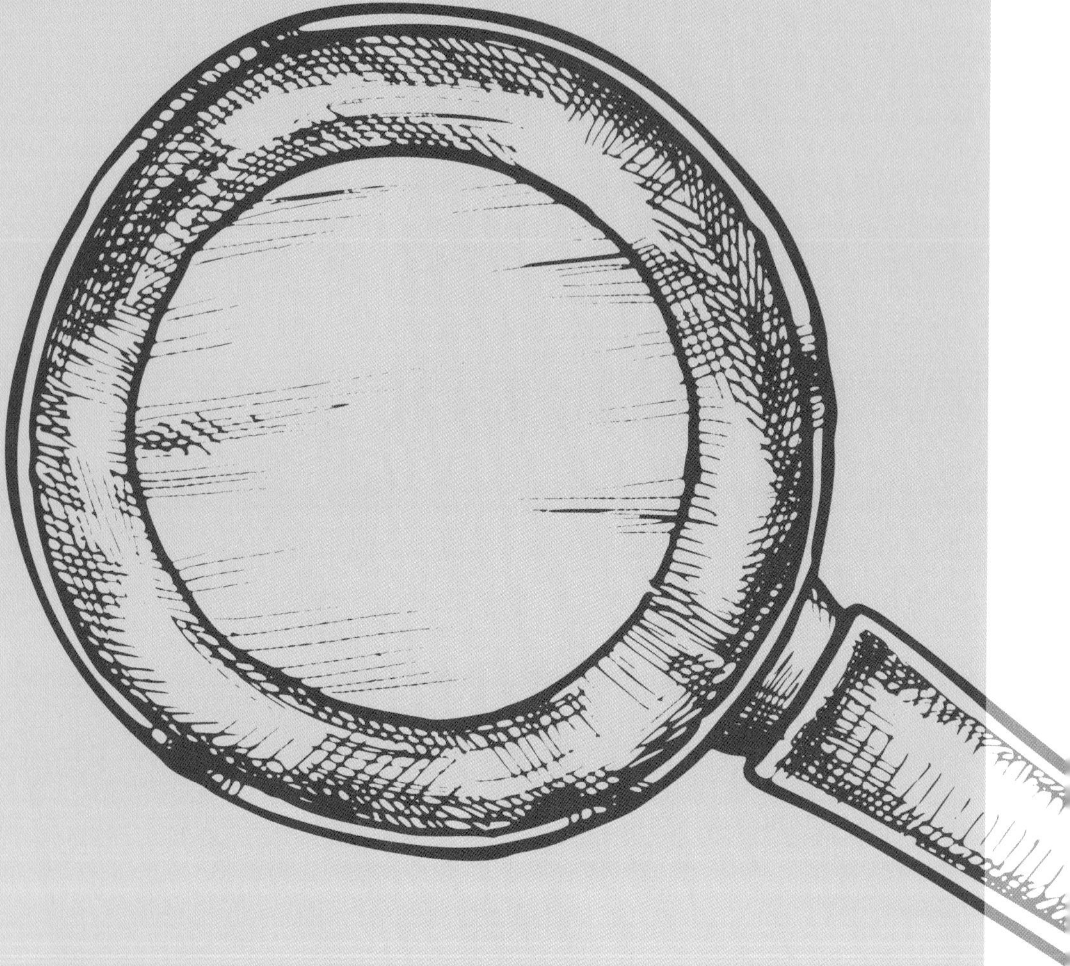

Sacré gastronome!

Du haut de ses 17 ans et des escaliers du palais de la Découverte, Jean-Maurice Sacré a le regard attiré par l'élégant établissement situé de l'autre côté de l'avenue Franklin Roosevelt, devant lequel se succèdent les véhicules amenés par un voiturier: le restaurant Lasserre, l'une des tables les plus prestigieuses de la capitale. Piqué par la curiosité, il traverse l'avenue. La consultation du menu s'avère plutôt dissuasive. Ce n'est pas avec son argent de poche qu'il pourra y manger dans un proche avenir. À moins d'économiser pour s'offrir un dîner à l'occasion de son prochain anniversaire. Il en meurt d'envie.

Carte du restaurant Lasserre, 1980.

Jean-Maurice Sacré tient son engagement et se présente chez Lasserre, par un beau soir de 1980. Il abaisse du même coup sensiblement la moyenne d'âge des clients attablés, mais cela n'entame en rien le plaisir qu'il éprouve à être assis là, dans cette magnifique salle de restaurant. Et il commande son repas en fonction du budget disponible.

Notre jeune gastronome a décidé de consigner sur le papier les impressions qu'il éprouve à mesure que le dîner se déroule. Il se régale. En fin de service, René Lasserre procède au traditionnel tour des tables afin de recueillir précisément les impressions de ses convives. Il ne manque pas d'être surpris par la présence de cet adolescent solitaire, espèce plutôt rare dans les établissements étoilés. Il lui demande par curiosité comment s'est déroulé le repas et Jean-Maurice Sacré lui tend le poème qu'il vient de composer à ce sujet. René Lasserre le parcourt, puis le lui emprunte avant de ressortir de la salle de restaurant.

Il revient quelques instants plus tard, s'assied à la table de Jean-Maurice Sacré et déclare: «Jeune homme, je ne sais pas si vous reviendrez un jour chez Lasserre, mais je vous fais, à partir d'aujourd'hui, membre de notre Club de la Casserole», à savoir le célèbre cercle dînatoire créé par lui-même en 1948. À 18 ans, à l'issue de son premier repas gastronomique, voilà Jean-Maurice Sacré propulsé dans l'élite de la gastronomie parisienne! Sa vocation de gastronome était née, mais pas encore celle de collectionneur.

En effet, c'est surtout en raison de sa collection de menus que son nom est connu du monde de la bibliophilie culinaire. Sa passion pour ces témoins discrets de l'histoire se révèlera un jour de flânerie dans une brocante, où il sera séduit par le menu de la réception à l'Élysée du roi d'Espagne Alphonse XIII en mai 1905. Par la suite, au fil des décennies, menus historiques, princiers et royaux, dîners d'État présidentiels, banquets pharaoniques et cartes de restaurant du XVIIIe siècle constitueront peu à peu l'une des collections les plus remarquables de la planète. Tout ce qui touche à la gastronomie par le biais de menus l'intéresse au premier chef.

Un menu ou une carte de restaurant n'est pas qu'une simple liste de plats. C'est aussi une page d'histoire, une date dans le parcours d'une famille, une œuvre d'art, l'expression de la créativité d'un chef, le témoin d'une époque ou le reflet d'une culture.

Dans le domaine de la gastronomie comme de la collection de menus, le maître mot de Jean-Maurice Sacré est le partage. Il aime faire vivre sa collection au travers d'expositions et d'ouvrages d'art tels que *Menus*

▶ Menu du Club des Cent (1940), extrait de la collection de Jean-Maurice Sacré.

de légende et *De Gaulle à table*. En matière de gastronomie, il adore également la convivialité d'un bon repas, que ce soit dans une brasserie typiquement parisienne ou autour d'une table étoilée dans le cadre de l'Académie des gastronomes, dont il est membre.

Je le rejoins pleinement sur ce plan. J'aime la convivialité d'un bon repas, mais ce que j'apprécie particulièrement dans mon métier, c'est de pouvoir partager le savoir séculaire accumulé dans les ouvrages alignés sur les rayons de ma librairie. Un jour, une fillette d'une dizaine d'années qui accompagnait son père me demande quel est le livre le plus ancien de ma librairie. Je lui mets entre les mains un petit recueil de recettes de 1520. Intimidée, elle le feuillette avec mille précautions pendant une minute, puis lève les yeux écarquillés vers son père et s'exclame: «Papa, j'ai dans les mains un livre qui a cinq cents ans!» Je suis à cet instant-là aussi ému qu'elle.

Bibliographie

- *Menus de légende – Collection de Jean-Maurice Sacré*, Paris, Éditions Dilecta, 2019.
- Jean-Maurice Sacré, Nicolas Kenedi et Guillaume Picon, *De Gaulle à table*, Paris, Éditions Dilecta, 2020.

Crédits des illustrations

P. 7 : Extrait de *Poissons, coquillages, crustacés*, Michel Bouzy, Paris, 1929, Collection Wibaut. • **P. 8** : Extrait de *Physiologie du goût*, Jean Anthelme Brillat-Savarin, Éditions Jouaust, Paris, 1879, Collection Wibaut. • **P. 9** : Librairie Gasterea. Photo © LT/Christophe Voisin. • **P. 11** : Ambroise Tardieu, Portrait de Joseph Berchoux, 1826, Amsterdam, Rijksmuseum. • **P. 13** : Page de titre de *La Gastronomie, ou L'Homme des champs à table*, Joseph Berchoux, Paris, Imprimerie de Guiguet et Cie, 1801, Collection Wibaut. • **P. 16, en haut** : Détail de la page de titre du *Confiturier françois*, anonyme, Collection Wibaut. • **P. 16, en bas** : Détail de la page 6 du *Confiturier françois*, anonyme, Collection Wibaut. • **P. 17** : Extrait de la table des matières du *Confiturier françois*, anonyme, Collection Wibaut. • **P. 20** : Vue du château de Chantilly à la Grille d'Honneur, Jean-Baptiste Lallemand (1716-1803), Chantilly, musée Condé. Photo © RMN-Grand Palais (domaine de Chantilly) / René-Gabriel Ojeda. • **P. 22** : Émilien Desmaisons, *Portrait de Madame de Sévigné (1626-1696)*, d'après Héloïse Leloir-Colin, 1851, Amsterdam, Rijksmuseum. • **P. 25, en haut** : Signature de l'auteur, extrait de *L'Art du vigneron, pour servir de direction aux propriétaires de vignes*, Pierre Reymondin, Lausanne, 1798, Collection Wibaut. • **P. 25, en bas** : Couverture de *L'Art du vigneron, pour servir de direction aux propriétaires de vignes*, Pierre Reymondin, Lausanne, 1798, Collection Wibaut. • **P. 26** : Extrait de *L'Art du vigneron, pour servir de direction aux propriétaires de vignes*, Pierre Reymondin, Lausanne, 1798, Collection Wibaut. • **P. 27** : *Vue de Glerole et de Saint-Saphorin vers Vevey*, gravure en couleurs par Johann Hürlimann d'après dessin de Johann Jakob Wetzel, 19,2 x 27,6 cm, tirée de : Wetzel Johann Jakob, *Voyage pittoresque au lac de Genève ou Léman*, Zürich : Orell, Füssli et Cie, 1820, feuille 5. Bibliothèque nationale suisse, Collection Rudolf et Annemarie Gugelmann. • **P. 30** : Commande de la coupe Kate Moss, Jane McAdam Freud. Courtesy : Estate of Jane McAdam Freud. • **P. 31, en haut** : Jean-Marc Nattier, *Madame de Pompadour*, 1748, huile sur toile, 53 x 48 cm, Musée de l'hôtel Sandelin, Saint-Omer, France, Bridgeman Images. • **P. 31, en bas** : Bol-sein ou Jatte-téton, Service de la Laiterie de Rambouillet, Manufacture royale de Sèvres - Jean-Jacques Lagrenée le Jeune (1739-1821), Louis Simon Boizot (1743-1809), vers 1787, Sèvres, France. Photo © RMN-Grand Palais (Sèvres - Manufacture et musée nationaux) / Martine Beck-Coppola. • **P. 33** : Banquet du journal *Le Figaro*, donné le 6 février 1864 dans le salon du restaurant du passage des Princes à Paris, auquel assistent journalistes, écrivains, artistes... Sont presents, de gauche a droite : Nestor Roqueplan, Mme Ugalde, de Montaut, Peter's, Charles Monselet, Gabriel Guillemot, Siraudin, Leo Lespes, Carjat, Jules Noriac, Hippolyte de Villemessant, A. Duchesne, Gustave Bourdin, Lemercier de Neuville, Benoit Jouvin et Marcelin. Gravure in « Le Monde Illustre » n°358 du 20 fevrier 1864. Stefano Bianchetti / Bridgeman Images. • **P. 35** : Extrait du *Livre de cuisine*, Jules Gouffé, Hachette, Paris, 1867, Collection Wibaut. • **P. 37** : Couverture du *Manuel culinaire aphrodisiaque – La Cuisine d'Amour*, Le Sire de Baudricourt, Édition photographique, Paris, 1903, Collection Wibaut. • **P. 39** : Extrait du *Manuel culinaire aphrodisiaque – La Cuisine d'Amour*, Le Sire de Baudricourt, Édition photographique, Paris, 1903, Collection Wibaut. • **P. 41** : Couverture de *L'Homme sans femme parfait cuisinier*, William Hayward, Berger-Levrault, Paris, 1911, Collection Wibaut. • **P. 42** : Extrait de *L'Homme sans femme parfait cuisinier*, William Hayward, Berger-Levrault, Paris, 1911, Collection Wibaut. • **P. 43** : Couverture de *La Cuisine pour 3*, William Hayward, Payot, Lausanne, 1940, Collection Wibaut. Couverture de *Conserves*, William Hayward, Librairie centrale et universitaire, Lausanne, sans date, Collection Wibaut. • **P. 45** : Photo extraite des archives Curnonsky publiées par Jeanne B. Barondeau Curnonska 2007, droits réservés. • **P. 47** : Couverture des *Recettes des belles perdrix* par Gabrielle Reval et Maria Croci, Albin-Michel, Paris, 1930, Collection Wibaut. • **P. 49** : Le Banquet des Maires. Illustration for *Le Panorama*, Exposition Universelle, Paris, 1900 (Librairie d'Art). Look and Learn / Bridgeman Images. • **P. 50, en haut** : Couverture du menu du Banquet des Maires de France lors de l'Exposition universelle le 22 septembre 1900 sous la présidence d'Émile Loubet, président de la République française, L. Baschet éditeur, G. de Malherbe imprimeur. CC0 Paris Musées / Musée Carnavalet - Histoire de Paris. • **P. 50, en bas** : Couverture du menu du Banquet des Maires de France lors de l'Exposition universelle le 22 septembre 1900 sous la présidence d'Émile Loubet, président de la République française, L. Baschet éditeur, G. de Malherbe imprimeur. CC0 Paris Musées / Musée Carnavalet - Histoire de Paris. • **P. 55** : Hoffbauer, « Galeries de bois (ancien camp des Tartares), au Palais-Royal (1825)» (1875). Paris: Capital of the 19th Century. Brown Digital Repository. Brown University Library. • **P. 57**: Recette de la Maison Chevet, extraite de *Recettes inédites des Chevet*, Paris, Bibliophiles et Graveurs d'Aujourd'hui, 1968, Collection Wibaut. • **P. 59**: *Arrêt de la Cour de Parlement, qui, entr'autres dispositions, permet aux Traiteurs-Restaurateurs de recevoir du monde dans leurs salles, & y donner à manger jusqu'à onze heure en hiver, & minuit en été* (...) À Paris, chez p. G. Simon et N. H. Nyon, 28 juin 1786, Collection Wibaut. • **P. 61**: Thomas Shotter Boys, *Angle des rues Bailleul et Jean Tison*. CC0 Paris Musées / Musée Carnavalet - Histoire de Paris. • **P. 63 et 64**: Photos de l'auteur, 18 octobre 2004. • **P. 65**: Couverture et pages intérieures du *Livre du thé*, Okakura-Kakuzo, Paris, Léon Pichon pour les Bibliophiles du Faubourg, 1930, Collection Wibaut. • **P. 67**: Extrait de *Petits et grands verres*, Nina Toye et A.-H. Adair, Paris, Au Sans Pareil, 1927, Collection Wibaut. • **P. 68**: Couverture de *The Artistry Of Mixing Drinks*, Frank Meier, Paris, Fryam Press, 1936, Collection Wibaut. • **P. 69**: Extrait de *Cups and Their Customs*, George Edwin Roberts, London, John Van Voorst, 1863, Collection Wibaut. • **P. 71**: Couverture de *Mycogastronomie*, Paul Ramain, Les Bibliophiles gastronomes, Paris, 1954, Collection Wibaut. • **P. 73**: Planche de Jean-Vital Prost, extraite de *Mycogastronomie*, Paul Ramain, Les Bibliophiles gastronomes, Paris, 1954, Collection Wibaut. • **P. 76**: Couverture de *Traité des insectes comestibles et des mangers bizarres*, Maurice Schoebel, Vanves, 1925. Avec l'aimable autorisation de Alde. • **P. 77**: Extrait de *Traité des insectes comestibles et des mangers bizarres*, Maurice Schoebel, Vanves, 1925, Collection Wibaut. • **P. 81, à gauche**: Couverture de *Échange de coups de fouets en vers entre les partisans de la pomme et ceux du raisin*, Pierre Genty et Henri Nicolle, Dijon, chez Darantière, 1888, Collection Wibaut. • **P. 81, à droite**: Couverture de *Le Brie et le Pont-L'Évesque*, Saint-Amant et Hélie Le Cordier, Châteaudun, Imprimerie Joseph Pigelet, 1890 [Paris, 1629-1662], Collection Wibaut. • **P. 87**: Extrait de *Mon docteur le vin*, Gaston Derys, Draeger, Paris, 1936, Collection Wibaut. • **P. 88, en haut**: Extrait de *Mon docteur le vin*, Gaston Derys, Draeger, Paris, 1936. Raoul Dufy © 2023, ProLitteris, Zurich. • **P. 88, en bas**: Extrait de *Mon docteur le vin*, Gaston Derys, Draeger, Paris, 1936, Collection Wibaut. • **P. 89**: Collection Wibaut. • **P. 93**: Le Tintoret, *Portrait de Luigi Cornaro*, 1560-1565, huile sur toile, Palais Pitti, Florence, Italie. Stefano Baldini / Bridgeman Images. • **P. 96**: Couverture de *L'Accord parfait*, Philippe Bourguignon, Paris, Éditions du Chêne, 1997. • **P. 99 et 100**: Extraits du *Petit Café blanc* de Henri Boutet, Paris, Librairie Barboteaux, 1913, illustrations de Henri Boutet, Collection Wibaut. • **P. 101**: Couverture du *Petit Café blanc* de Henri Boutet, Paris, Librairie Barboteaux, 1913, Collection Wibaut. • **P. 103**: Extrait de l'*Almanach des gourmands servant de guide dans les moyens de faire excellente chère, par un vieil amateur*, Alexandre Grimod de la Reynière, chez Maradan, Paris, 1804, Collection Wibaut. • **P. 104**: Extrait de la carte des *Frères Provençaux*, collection privée. • **P. 105**: Louis Binet, *Foyer du théâtre Montansier*, 1798-1799. BnF, Estampes et photographie. • **P. 107**: Couverture de *Bordeaux, ses environs et ses vins classés par ordre de mérite*, Charles Cocks, Féret et fils, Bordeaux, 1850, Collection Wibaut. • **P. 108**: Extrait de *Bordeaux, ses environs et ses vins classés par ordre de mérite*, Charles Cocks, Féret et fils, Bordeaux, 1850, Collection Wibaut. • **P. 109**: Pierre Lacour, *Vue d'une partie du port et des quais de Bordeaux dits des Chartrons et de Bacalan*, 1804, Mairie de Bordeaux, Musée des Beaux Arts. • **P. 111**: Extrait de *Physiologie du goût*, Jean Anthelme Brillat-Savarin, Éditions Jouaust, Paris, 1879, Collection Wibaut. • **P. 112**: Moudon, lithographie de A. Voruz, env. 1838, Bibliothèque nationale suisse, GS-GRAF-ANSI-VD-112. • **P. 115**: Extrait de *The Works of Dr. Jonathan Swift*, C. Bathurst and J. Hinton, London, 1765, Collection Wibaut. • **P. 116**: Extrait de *La Cuisine cannibale*, Roland Topor, André Balland, Paris, 1970. • **P. 117**: Couverture de *La Cuisine cannibale*, Roland Topor, André Balland, Paris, 1970. • **P. 119**: Extrait de *Paris assiégé – Scènes de la vie parisienne pendant le siège*, Jules Joseph Georges Renard, dit Draner, Paris, Au Bureau de l'Éclipse, 1871, Collection Wibaut. • **P. 120**: Extrait de *Paris assiégé – Scènes de la vie parisienne pendant le siège*, Jules Joseph Georges Renard, dit Draner, Paris, Au Bureau de l'Éclipse, 1871, Collection Wibaut. • **P. 121**: Extrait de *Menus de légende*, collection de Jean-Maurice Sacré, Dilecta, 2019. • **P. 123 et 124**: Extraits du catalogue Biberon Robert, Paris, vers 1910, Collection Wibaut. • **P. 125**: *Biberon Robert, le meilleur, n'épuisant pas les enfants*. Paris, Imprimerie L. Revon, vers 1900, Collection Wibaut. • **P. 127**: Extrait de *In Cucina con amore*, Sophia Loren, Milano, Rizzoli Editore, 1971. Photographie de Tazio Secchiaroli: sophia a tavola © Archives Tazio Secchiaroli. • **P. 128**: Couverture de *La Cuisine à l'italienne*, Sophie Loren, 1972 © Éditions Robert Laffont. • **P. 129**: Extrait de *In Cucina con amore*, Sophia Loren, Milano, Rizzoli Editore, 1971. Photographie de Tazio Secchiaroli: sophia in cucina © Archives Tazio Secchiaroli. • **P. 131**: Extrait de *Le Cuisinier Durand – Cuisine du Midi et du Nord*, Charles Durand, Nîmes, Imprimerie de P. Durand-Belle, 1830, Collection Wibaut. • **P. 132**: Extrait de *Manuel du cuisinier militaire en campagne*, Jean Laribe d'Arval, Paris, Étienne Chiron, 1940, Collection Wibaut. • **P. 133**: Extrait de *Le Cuisinier Durand – Cuisine du Midi et du Nord*, Charles Durand, Nîmes, Imprimerie de P. Durand-Belle, 1830, Collection Wibaut. • **P. 135**: Extrait de *La Terre frottée d'ail*, Gustave Coquiot, André Delpeuch, Paris, 1925, Collection Wibaut. • **P. 136**: Couverture de *La Terre frottée d'ail*, Gustave Coquiot, André Delpeuch, Paris, 1925, Collection Wibaut. • **P. 137**: Extrait de *La Terre frottée d'ail*, Gustave Coquiot, André Delpeuch, Paris, 1925. Raoul Dufy © 2023, ProLitteris, Zurich. • **P. 139**: Couverture de *La Cuisine à la mer*, Jean Marie, Imprimerie transatlantique, Paris, 1948, Collection Wibaut. • **P. 141**: Dragueur de mines *Antares*. Source:

Marines de Guerre et Poste Navale, droits réservés. • **P. 143** : Menu du banquet du 24 juin 1894, Imprimerie Benoît Arnaud, Lyon, 1894, Collection Wibaut. • **P. 144** : Document joint au menu du banquet du 24 juin 1894, Imprimerie Benoît Arnaud, Lyon, 1894, Collection Wibaut. • **P. 145** : *Le Petit Journal*, supplément illustré. Paris, lundi 2 juillet 1894, Collection Wibaut. • **P. 147** : Extrait du *Manuel des amphitryons*, Alexandre de Grimod de la Reynière, Capelle et Renand, Paris, 1808, Collection Wibaut. • **P. 148** : Extrait de *L'Écuyer tranchant*, Bernardi, Gustave Barba, Paris, 1845, Collection Wibaut. • **P. 149** : Couverture de *L'Écuyer tranchant*, Bernardi, Gustave Barba, Paris, 1845, Collection Wibaut. • **P. 153** : Couverture de *La Cuisine chinoise*, Albert Nachbaur, Pékin, 1925, Collection Wibaut. • **P. 155** : Couverture de *La Vie et la passion de Dodin-Bouffant*, Marcel Rouff, Société littéraire de France, Paris, 1920, Collection Wibaut. • **P. 156** : Extrait de *La Vie et la passion de Dodin-Bouffant*, Marcel Rouff, Paris, Stock, 1970. Illustration de Joseph Hémard, J. Hémard, droits réservés. • **P. 157** : Extrait de *La Vie et la passion de Dodin-Bouffant*, Marcel Rouff, Société littéraire de France, Paris, 1920, Collection Wibaut. • **P. 159** : Couverture de *L'Art de ne jamais déjeuner chez soi, et de dîner toujours chez les autres*, Émile-Marc Hilaire, Librairie universelle, Paris, 1827, Collection Wibaut. • **P. 161** : Extrait de *L'Art de ne jamais déjeuner chez soi, et de dîner toujours chez les autres*, Émile-Marc Hilaire, Librairie universelle, Paris, 1827, Collection Wibaut. • **P. 163** : Couverture de *La Physiologie du goût ou Méditations de gastronomie transcendante*, Jean-Anthelme Brillat-Savarin, Auguste Sautelet et Cie, Paris, 1826, Collection Wibaut. • **P. 164** : Extraits de *Physiologie du goût*, Jean Anthelme Brillat-Savarin, Paris, L. Carteret, 1923, Collection Wibaut. • **P. 169, à gauche** : Page de titre du *Grand dictionnaire de cuisine*, Alexandre Dumas, Alphonse Lemerre, Paris, 1873, Collection Wibaut. • **P. 169, à droite** : Dos du *Grand dictionnaire de cuisine*, Alexandre Dumas, Alphonse Lemerre, Paris, 1873, Collection Wibaut. • **P. 171 et 172** : Extraits de l'*Almanach des gourmands servant de guide dans les moyens de faire excellente chère, par un vieil amateur*, Alexandre Grimod de la Reynière, Maradan, Paris, 1805, Collection Wibaut. • **P. 175** : Extrait de *Paris qui crie*, Pierre Vidal, Paris, imprimé pour les Amis des livres, 1890, Collection Wibaut. • **P. 176, en haut** : Extrait de *La Ville de Paris en vers burlesques*, Berthod, Paris, la Veuve Guillaume Loyson et Jean-Baptiste Loyson, 1654, Collection Wibaut. • **P. 176, en bas** : Extrait de *Les Cris de Paris*, Antoine Truquet, Paris, Baillieu, 1872 (réimpression de l'édition de 1545), Collection Wibaut. • **P. 177** : Extrait de *A New Picture of Paris*, Edward Planta, London, for Samuel Leigh, 1831, Collection Wibaut. • **P. 179** : Couverture du *Livre de la maîtresse de maison et de la mère de famille*, Adolphe Bitard, Maurice Dreyfous, Paris, 1880, Collection Wibaut. • **P. 180** : Extrait du *Livre de la maîtresse de maison et de la mère de famille*, Adolphe Bitard, Maurice Dreyfous, Paris, 1880, Collection Wibaut. • **P. 181** : Dos des *Secrets du Seigneur Alexis Piemontois*, Girolamo Ruscelli, François Vaultier, Paris, 1662, Collection Wibaut. • **P. 183** : Couverture de la *Dissertation sur le café, suivie de son analyse*, Charles-Louis Cadet de Gassicourt, Paris, 1806, Collection Wibaut. • **P. 184** : Extrait de la *Dissertation sur le café, suivie de son analyse*, Charles-Louis Cadet de Gassicourt, Paris, 1806, Collection Wibaut. • **P. 187** : Extrait de *Ein new Kochbuch*, Marx Rumpolt, Verlegung Sigmundt Feyerabendis, Peter Fischers und Heinrich Tacken, Francfort-sur-le-Main, 1587, Collection Wibaut. • **P. 188** : Page de titre de *Ein new Kochbuch*, Marx Rumpolt, Verlegung Sigmundt Feyerabendis, Peter Fischers und Heinrich Tacken, Francfort-sur-le-Main, 1587, Collection Wibaut. • **P. 189** : Extrait de *Bad Homburg – Topographia Hassiae*, Matthäus Merian, 1655. Domaine public, source : http://www.digitalis.uni koeln.de/digitaletexte.html • **P. 191** : Extrait du *Pâtissier pittoresque*, Antonin Carême, J. Renouard, Tresse, Mansut et Maison, Paris, 1842, Collection Wibaut. • **P. 192 et 193** : Extrait de *Praktische Konditorei-Kunst*, J. M. Erich Weber, Fachverlag J. M. Erich Weber, Radebeul-Dresden, 1928, Collection Wibaut. • **P. 195** : Couverture de *La Cuisine polonaise vue des bords de Seine*, Édouard de Pomiane, Société polonaise des Amis du Livre, Paris, 1952, droits réservés. • **P. 196** : Lucas Cranach the Younger, *Bona Sforza*, env. 1553, Muzeum Narodowe w Krakowie, Wikimedia Commons. • **P. 197** : Extrait de *La Cuisine Polonaise vue des bords de Seine*, Édouard de Pomiane, Société polonaise des Amis du Livre, Paris, 1952, droits réservés. • **P. 200** : Anton Mosimann, photo de l'auteur (2022). • **P. 205** : Couverture de *La Cuisine du bonheur*, Raymond Oliver et Édouard Longue, Casteman, Paris, 1964. Photo R.T.F, Casterman 1964. • **P. 207** : Édouard Nignon, portrait tiré de *L'Heptaméron des gourmets ou les Délices de la cuisine française*, Édouard Nignon, 1919. BnF, Réserve des Livres rares. • **P. 208** : Extraits de *L'Heptameron des gourmets ou les Délices de la cuisine française*, Édouard Nignon, Imprimerie Malherbe, 1919, Collection Wibaut. • **P. 209** : Couverture de *L'Heptameron des gourmets ou les Délices de la cuisine française*, Édouard Nignon, Imprimerie Malherbe, 1919, Collection Wibaut. • **P. 211** : Célébrations du 2500e anniversaire de l'Empire perse, dans les ruines de Persépolis. (Schah Mohammad Reza Pahlavi successeur de Cyrus le Grand, en présence de soixante chefs d'État internationaux). Cité de tentes de Persépolis. Photo, 15 octobre 1971, akg-images / picture alliance / dpa • **P. 213, à gauche** : Menu pour les invités de marque, à l'occasion du 2500e anniversaire de la fondation de l'Empire Perse par Cyrus, du 12 au 16 octobre 1971, Collection Wibaut. • **P. 213, à droite** : Menu pour les invités de second rang, à l'occasion du 2500e anniversaire de la fondation de l'Empire Perse par Cyrus, du 12 au 16 octobre 1971, Collection Wibaut. • **P. 215** : Carte du restaurant Lasserre, 1980, extraite de la collection de Jean-Maurice Sacré. • **P. 216** : Couverture de *Menus de légende – Collection de Jean-Maurice Sacré*, Paris, Éditions Dilecta, 2019. • **P. 217** : Menu du Club des Cent de 1940, extrait de la collection de Jean-Maurice Sacré.

Table des matières

5 Préface
6 Introduction: Turbot sauce hollandaise
10 La magie de l'imprimerie
14 Le confiturier
18 «Songez que la marée est peut-être arrivée comme il expirait»
24 Instituteur viticulteur
28 Coupe ou flûte?
32 Homard à l'américaine (ou à l'armoricaine?)
36 Homard à l'américaine... pour les blondes
40 Seul
44 Gourmettes et belles perdrix
48 Le banquet des superlatifs
52 Le fabuleux destin de Germain Chevet
58 Diderot et la «belle restauratrice»
62 Kaiseki, qu'est-ce?
66 L'art de mélanger
70 Comestible?
74 Hors des sentiers battus
78 Querelles
82 La frite de Madame Mérigot
86 Mon docteur le vin
90 L'art de vivre centenaire
94 Blanc ou rouge?
98 Le petit café blanc
102 Le bréviaire des gourmands
106 Cocks et Féret

110 Il y a fondue et fondue
114 «L'homme est le meilleur aliment de l'homme»
118 La cuisinière assiégée
122 Biberons Robert
126 La diva aux fourneaux
130 La branlade de morue
134 Ail truffé
138 Cap au nord!
142 Repas d'adieu
146 Écuyer tranchant
150 La Cuisine chinoise
154 Dodin-Bouffant
158 L'art de se faire inviter
162 Brillant Brillat
166 Rôti à l'impératrice
170 Souper spectacle au XVIIIe siècle
174 Chauds les marrons!
178 Secrets domestiques
182 Le café du célibataire
186 Roesti or not roesti?
190 Prakoku
194 Soupe à la bière
198 *Anton goes to Sheffield*
202 La cuisine du bonheur
206 Le top du top
210 La folie des grandeurs
214 Sacré gastronome!
219 Crédits des illustrations